한 살 림
추   천
밥요리

한살림 추천
밥요리

초판 펴낸 날	2025년 7월 7일

지은이	한살림연합
기획	한살림연합
요리	경봉스님, 고은정, 김동연, 김윤희, 김정례, 류귀애, 문성희, 박혜영, 신인자, 이다영, 이양지, 이윤서, 임경호, 작은콩, 장영란, 채송미, 한살림서울 식생활위원회, 한살림식생활센터
사진	김재이, 류관희, 한살림식생활센터, 한살림연합 홍보부
일러스트	김병수

펴낸곳	도서출판한살림
펴낸이	좌수일
책임편집	장순철
편집감수	한살림식생활센터

출판신고	2008년 5월 2일 제2015-000090호
주소	(우 06740) 서울특별시 서초구 바우뫼로 217
전화	02-6931-3612
팩스	0505-055-1986
누리집	blog.naver.com/hansalim
전자우편	story@hansalim.or.kr

ⓒ 도서출판한살림 2025
ISBN 979-11-90405-50-8 13590

* 이 책은 저작권법에 의하여 보호를 받는 저작물이므로 무단 전재와 복제를 금합니다.
* 이 책 내용의 일부 또는 전부를 재사용하려면 반드시 저작권자와 도서출판한살림의 동의를 받아야 합니다.
* 잘못된 책은 구입하신 곳에서 바꾸어 드립니다.
* 책값은 뒤표지에 있습니다.

한 살 림
추   천
밥요리

한살림연합

도서
출판 한살림

차례

권하는 글	6
서문 - 너와 나를 위한 밥 짓기	11
도정에 따른 쌀 종류	14
백미와 현미 비교	15
쌀 종류별 이용방법	16
쌀&밥 보관방법	18
완벽한 밥 짓기	22
더 맛있는 밥 짓기	24
솥에 따른 밥 짓기 요령	26
밥에 넣으면 더 맛있는 식재료	28

한살림 추천 밥요리

가지전복밥	32	김치밥	56
간단약식	34	냄비밥	58
감자밥	36	냉이바지락밥	60
감자보리밥	38	냉이밥과 달래장	62
고로쇠물밥	40	냉이숙주현미밥	64
곤드레밥	42	녹차밥	66
구기자무밥	44	녹차해물밥	68
구기자은행밥	46	단호박고구마밥	70
구기자호두밥	48	단호박영양밥	72
국화밥(금반)	50	더덕밥	74
굴무밥	52	도라지밥	76
굴밥	54	두릅밥	78

마밥	80	유채양송이밥	132
말린가지밥	82	이분도통밀쌀밥	134
머위두부밥	84	잔멸치밥	136
모둠해초밥	86	잡곡약밥	138
모둠해초홍합밥	88	잡곡찹쌀	140
무밥	90	죽순밥	142
무버섯밥	92	찰녹미연근밥	144
버섯밥	94	채소밥	146
보리밥	96	치자밥	148
비트밥	98	콩나물해장밥	150
뿌리채소밥	100	토마토버섯카레밥	152
삼잎국화나물밥	102	톳밥	154
생땅콩밥과 부추양념장	104	통밀밥	156
서리태밥	106	팥찰밥	158
소고기우엉밥	108	포도즙약밥	160
수수밥	110	해산물프라이팬밥	162
시금치밥	112	햅쌀솥밥	164
시래기밥	114	현미밥	166
약식	116	현미채소모둠밥	168
여름토마토밥	118	호두밥	170
연근찰밥	120	흑미밥	172
영양솥밥	122		
오곡밥	124	**부록**	
오분도미밤밥	126	밥 짓기 한살림물품	176
옥수수밥	128		
완두콩채소밥	130		

권하는 글 1

너와 나, 그리고 세상과 함께 먹는 따뜻한 밥 한끼

"밥은 먹었어요?"

한살림하면서 자주 주고받는 인사말입니다! 언제 따순 밥 한번 먹자는 약속도 자주합니다. 밥은 단지 한끼 식사가 아닌, 잘 지내고 있는지, 잘 지내기를 바라는 마음이 담긴 소통언어입니다. 우리들에게 밥을 잘 먹는 일은 잘 지내는 일의 다른 이름이기 때문입니다. "밥은 먹고 다니냐?"는 말은, 고단한 삶, 혼자가 아니라는 따듯함을 받는 위안이기도 합니다.

지난 40여 년 동안, 한살림 조합원들의 요리법을 모아 모아 '한살림이 추천하는 요리책' 시리즈를 발행하게 되었습니다. 그 첫 책으로, 밥짓기를 선보입니다. 단순히 한 그릇 밥으로만 여겼던 밥이, 이렇게 무궁무진할 수 있음이 놀랍습니다. 한솥밥 먹는 삶을 중요하게 여기며, 한살림 조합원들이 손수 지은 '한살림밥'이기에 그 의미가 남다릅니다. 무엇보다 한살림을 함께 하셨던 많은 분들을 지면에서 다시 만난다는 반가움이 무척 큽니다. 밥상을 이어간다는 것, 그것은 단지 요리법에 그치는 것이 아닌 삶의 이음이어서 더 소중합니다.

세상이 많이 수상합니다. 밥을 건강의 기본, 삶의 원형으로 생각하기보다는 탄수화물 덩어리로 전락시켜 피해야 할 주범으로 내몰고 있습니다. 발을 동동 구를 만큼 어이가 없습니다. 이런 기피 현상 때문에, 우리들의 몸과 마음이, 삶이 무너지고 있습니다.

먹방시대로 손만 까딱하면 요리법을 쉽게 접하지만, 제대로 된 밥에 대한 정보는 찾기 어렵습니다. 밥이 바로 설 때, 우리의 음식들이 제자리를 찾고, 그래야만 마음과 몸, 그리고 삶이 건강해질 수 있습니다. 밥이 그 시작이자 끝이라고 해도 과언이 아닌 이유입니다.

밥 한 숟가락의 우주적 기운을 경험하셨나요? 몸이 아파 며칠을 아무것도 못 먹고 있을 때, 겨우 입으로 떠넣은 쌀미음 한 숟가락! 깜짝 놀랄 정도로 기력이 도는 것을 종종 경험합니다. 밥은 그만큼 생명의 에너지이자 평생 먹어도 질리지 않을 순전함이 있습니다. 굳이 여기에 영양학적 분석을 보태지 않더라도, 밥이 보약이라는 말은 그저 나온 말이 아닐 것입니다. 무얼 먹느냐는 단지 먹을거리에 그치는 것이 아닌, 어떤 삶을 사느냐에 대한 질문이라고 생각합니다.

자연의 이치에 따라 농사지은 쌀, 정성과 기다림을 배우게 하는 밥 짓기, 모든 반찬을 다 받아들이는 순한 밥! 우리들의 삶의 속도를 행복하게 맞춰주는 밥을, 한살림이 다시 추천합니다. 우리 아이들도 쉽게 따라할 수 있는 밥 짓기여서, 밥과 가까워집니다. 더하여, '나만의 밥짓기' 요리법을 만들어 함께 나누어도 좋겠습니다. 몸에도 이롭고, 자연에도 이로운 한살림 밥으로, 우리 삶과 우리 쌀농사를 계속 지켜갈 수 있었으면 좋겠습니다!

마지막으로, 요리책에 담긴 밥짓기를 해주셨던 한 분 한 분의 조합원님들과 그동안 흩어져 있던 조합원 밥요리를 한데 모아 책으로 발행해주신 도서출판한살림, 그리고 정성껏 손길을 더하여 준 한살림식생활센터 식구들에게 감사드립니다! 한살림 40주년의 큰 선물을 받은 것 같습니다. 고맙습니다.

권옥자 상임대표
한살림소비자생활협동조합연합회

권하는 글 2

밥이
곧 나와 당신입니다

그동안 한살림의 다양한 홍보매체를 통해 소개되었던 밥요리들을 한데 모은 『한살림 추천 밥요리』 발간을 축하드리며, 이 요리책을 통해 많은 분들이 한살림 밥상의 의미를 다시금 되새기게 되기를 바랍니다.

한살림은 지난 40여 년간 건강하고 안전한 먹거리를 생산하고 공급하며 소비하는 일에 매진했습니다. 이러한 일을 '생산자와 소비자는 하나다'라는 가치 아래, 협동의 길을 걸어왔습니다. 이 길을 통해서 단순히 농산물의 출하와 소비를 넘어서, 생명을 살리고 생태계를 지키며 사람과 땅이 더불어 살아가는 공동체적 삶을 지키고자 했습니다.

우리가 생산한 물품은 단순히 상품이 아니라, 사람과 사람을 잇는 약속이고, 땅과 생명에 대한 책임이며, 지속가능한 농업을 위한 실천의 결과물입니다. 한살림의 생산물품은 늘 자연에 가까운 방식으로 생산하고자 했습니다. 그 안에는 생산자의 땀과 마음, 소비자의 신뢰와 연대가 함께 담겨 있습니다.

『한살림 추천 밥요리』에 담긴 요리들 또한 이러한 철학이 녹아든 밥상입니다. 한살림의 요리는 화려하지 않습니다. 자극적인 맛이나 멋진 플레이팅으로 시선을 끌지 않습니다. 소박하고 단순하지만 자연의 맛을 최대한 존중하면서, 가족의 건강과 생명을 돌보는 진심이 담긴 음식들입니다.

소박하고 단순하지만, 이 요리들은 한끼 식사를 넘어 우리 삶의 가치와 방향을 이야기합니다. 바쁜 일상 속에서도 잠시 멈춰 선한 재료로 따뜻한 밥 한 그릇을 짓고, 정성스레 반찬을 만들며, 서로의 안부를 묻는 시간. 그것이 바로 한살림 밥상이 전하고자 하는 삶의 태도입니다.

이 책이 많은 이들에게 한살림의 철학과 밥상의 깊은 의미를 전하며, 가족과 이웃이 함께 나누는 따뜻한 식탁의 순간을 만들어가는 데 작지만 소중한 역할을 하기를 바랍니다. 요리를 만드는 손길에도, 이를 먹는 이의 마음에도 한살림의 정신이 깃들기를 소망합니다.

끝으로 이 책을 준비해주신 모든 분들께 깊은 감사의 인사를 전하며, 『한살림 추천 밥요리』가 오랫동안 많은 이들의 부엌과 밥상에서 사랑받는 책이 되기를 기원합니다.

지완선 회장
한살림생산자연합회

한 살 림
추   천
밥요리

너와 나를 위한 밥 짓기

한국에서는 인사 표현으로 서로가 "밥 먹었어?"라고 인사말을 건넨다. 외국인이라면 '아니 얼굴을 마주한 순간 다짜고짜 밥 먹었냐고 묻다니? 아이고, 신기하고 우스운 인사도 다 있구나…' 하고 웃을 수 있지만 한국인에게 '밥 먹었어?'는 단순히 "배가 고프냐?, 뭘 좀 먹겠느냐?" 하는 의사를 묻는 말이 아니다. 한국 사람에게 끼니를 거르지 않는다는 것은 별일 없이 건강하고 무탈하게 지낸다는 뜻으로 통한다. '밥 먹었어?'는 그야말로 상대방의 안부를 묻는 말이다. 여기에 '밥'이 삶과 행복의 바탕을 이룬다는 생각이 뚜렷하게 드러난다. 이 말만큼 한국 사람에게 친근하고 정겹고 따뜻하며 고마운 인사말이 또 있을까.

   일상적인 언어 표현을 통해 '밥'이 생명의 근원이자, 살아가는 힘을 주는 물질의 대표임이 금방 드러난다. 식탁이나 상을 '밥상'이라 하고, 생계를 이어가기 위한 최소한의 경제 활동을 '밥벌이'라 한다. '밥술이나 먹는다'는 생활 형편이 괜찮다는 뜻이고, '밥술을 놓았다'는 죽었다는 뜻이다. 또한, 생계수단이나 직업을 속된 말로 '밥줄'이라 하는 만큼 '밥줄이 끊기면' 살아갈 길이 막막해진다.

'밥'에 붙는 동사는 특별하다. 쌀이나 곡식에 물을 넣고 끓여 익히는 것이 '밥'의 조리법인데도 오늘날 밥을 '삶는다'는 표현은 쓰이지 않는다. '밥을 만들다', '밥을 요리하다'도 어색하기 짝이 없다. '밥'을 '찐다'는 성립하지만 '찐 밥'은 찰기가 없어 환영받지 못한다.

한국어로 '밥'의 조리는 '밥을 하다' 또는 '밥을 짓다'라고 한다. '짓다'는 기본적으로 '만들다'를 뜻하면서도 '집을 짓다', '노래를 짓다', '약을 짓다'처럼 '창조'나 '가공'의 뜻이 가미되어 있다. '밥을 짓는다'는 것은 그만큼 '밥'을 차원 높은 대상으로 본다는 뜻이 아닌가 싶다.

나만 생각하는 삶, 나만 먹는 밥, 각자의 밥그릇 챙기기에 바쁜 삶 속에서 '나는 너의 밥이 되고, 너는 나의 밥이 되는' 서로를 배려하고 돌보는 삶, 함께 나누는 삶이 담겨 있는 '밥'의 참뜻을 되새길 수 있도록 지난 40여 년 동안 한살림 소식지·월간 살림이야기·한살림 장보기 shop.hansalim.or.kr·유튜브 youtube.com /@hansalimTV·페이스북 facebook.com/hansalim1986·블로그 blog.naver.com/hansalim 등에 소개되었던 밥요리를 한데 모아 소개하는 이 책을 통해 다시 한번 밥의 소중함을 음미해보면 좋겠다.

도정에 따른 쌀 종류

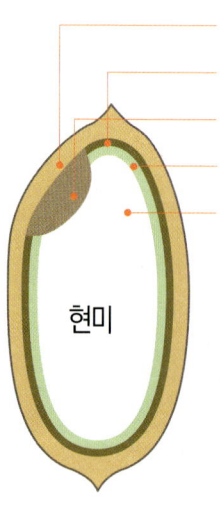

- 과피(왕겨)
- 종피(현미 상태)
- 호분층(고운 쌀겨) 영양분 29%
- 쌀눈(배아) 영양분 66%
- 배유(백미상태) 영양분 5%

현미

오분도미

칠분도미

백미

현미
쌀눈과 호분층의 100%가 남아 있는 상태. 과피를 벗겨낸 상태

오분도미
쌀눈과 호분층이 50% 남아 있는 상태. 종피의 1/2이 깎여진 상태

칠분도미
쌀눈과 호분층의 30%가 남아 있는 상태. 종피가 깎여진 상태

백미
쌀눈과 쌀겨가 깎여진 상태

백미와 현미 비교

	현미	백미
형태	벼를 도정할 때 겉껍질만 벗겨내어 쌀눈과 쌀겨가 그대로 남아 있다.	현미를 더 깎아 씨눈과 씨껍질까지 떨어낸다.
영양 (100)	95 (백미에 비해 칼슘·인 2배, 철, 비타민B1·B2·나이아신 3,4배, 비타민E 10배)	5
식량 위기 기여도	높다	낮다 (현미를 백미로 도정하면 찰벼의 경우 17%, 메벼의 경우 12% 정도가 깎여 나간다.)
장점	• 쌀겨층에 섬유질이 많아서 장운동을 돕고, 변비를 예방한다. • 중금속 등 유해물질을 흡착하여 몸 밖으로 내보낸다. • 백미의 70% 정도만 먹어도 포만감이 드니 비만 예방에 좋다.	• 밥을 지으면 뽀얗고 윤기가 돈다. • 거친 부분을 모두 깎아내어 부드럽다.
단점	• 질감이 거칠다. • 소화기능이 약한 이들은 주의해야 한다.	쌀겨에 있는 대부분 영양 성분이 도정 시 떨어져 나간다.

쌀 종류별 이용방법

백미

건조한 백미는 처음 물에 닿을 때 순간적으로 수분을 많이 흡수한다. 쌀을 씻을 때 첫물은 깨끗한 물을 사용해 재빨리 휘저은 후 버린다.

칠분도미

현미의 거친 식감이 부담스러웠던 분들에게 좋다. 칠분도미를 백미에 조금씩 섞어서 밥을 하고, 칠분도미의 양을 차츰 늘려가면 현미밥에 수월하게 적응할 수 있다.

오분도미

현미의 거친 식감이 부담스러웠던 분들에게 좋다. 백미에 조금씩 섞어서 밥을 하고, 오분도미의 양을 차츰 늘려가면 현미밥에 수월하게 적응할 수 있다. 여름철에는 2시간, 겨울철에는 3~4시간 정도 물에 불린 후 이용한다.

씻은 후 오래 불리면 수분을 흡수해
식감이 부드럽다. 오래 불리지
못할 경우 물의 양을 넉넉히 해준다.
충분히 불린 후 자연 소금을
조금 넣고 압력밥솥에서 푹
뜸을 들이면 밥맛이 더욱 좋아진다.
찹쌀현미를 섞어서 밥을 지으면 훨씬 찰지다.

현미

떡, 약식, 전병 등의 재료로 이용하면
좋다. 찹쌀백미와 찹쌀현미는
대추와 음식궁합이 좋으므로
대추를 넣은 약밥을 만들면 특히
좋다. 찹쌀은 칼슘, 철분, 섬유소의
함량이 적은데 이러한 결점을
대추가 보완해준다.

찹쌀현미

현미밥, 죽, 누룽지 등의 재료로
이용하면 좋다.

쌀&밥 보관 방법

한살림 쌀의 수분율 및 보관 안내

쌀의 수분율은 밥맛, 식감, 영양 보존에 영향을 미친다. 시중 쌀의 경우 수분율이 보통 13~14%인데 반해 한살림 쌀은 윤기 있고 찰진 밥맛, 갓 도정한 쌀의 신선함을 그대로 전달하기 위해, 16% 수분 함량을 유지한 채 공급하고 있다. 다만 수분이 높은 만큼, 고온다습하거나 일교차가 심한 환경에서는 더욱 세심한 보관이 필요하다.

1. 냉장 보관(권장)
옹기나 밀폐용기에 담아 냉장고(야채칸 등)에 보관하는 것이 가장 안전하다.

2. 상온 보관 시 유의사항
냉장이 어려운 경우, 실내 평균 온도(15℃ 이하)와 습도(60% 이하) 조건에서만 상온 보관이 가능하다.
 최근에는 10월에도 낮 최고 30℃에 가까운 이상고온이 자주 발생하고 있어, 기존처럼 '10~4월이면 괜찮다'는 판단은 위험할 수 있다. 반드시 실제 실내 환경을 확인한 뒤 결정해야 한다.

- 소포장 소비

쌀을 한 번에 많이 사두기보다는 작은 단위로 나누어 빠르게 소비하는 것이 품질 유지에 유리하다.

- 민간요법 보완 활용

마늘, 숯, 사과껍질 등을 함께 넣는 방식은 일정 부분 습기나 벌레 예방에 도움이 될 수 있으나, 기후변화로 인한 온·습도 불안정성에는 보조 수단으로만 활용해야 하며, 냉장 보관을 기본 원칙으로 삼는 것이 좋다.

농촌진흥청과 식품의약품안전처는 쌀을 항온항습(10~15℃, 습도 60% 이하) 조건에서 보관할 것을 권장하고 있으며, 특히 기후변화로 인해 봄부터 가을까지 온도와 습도 변동이 심해짐에 따라, 쌀의 변질이나 곰팡이·해충 발생 위험이 더욱 커지고 있다.

 실험 결과에 따르면, 4℃에서 밀폐 보관한 쌀이 맛·신선도·색상 면에서 가장 안정적으로 보관되며 장기 저장에 유리한 것으로 나타났다.

쌀&밥 보관 방법

이럴 때 쌀이 상할 수 있으니 주의!

- 남은 쌀 위에 새 쌀을 부어 보관할 때
- 물 묻은 그릇이나 젖은 손의 물기가 쌀에 묻을 때
- 습도가 높고 통풍이 되지 않는 곳에 보관할 때(곰팡이 주의)
- 냉장고나 가스레인지 옆에 보관할 때(곰팡이 주의)

밥 보관은 이렇게!

1. 하루 동안 먹을 밥
   밥을 하자마자 김이 완전히 나가기 전에 밀폐용기에 담아 냉장고에 보관한다.
2. 오래 두고 먹을 밥
   밥을 하자마자 김이 완전히 나가기 전에 밀폐용기에 담아 냉동실에 보관하는데, 이때 밥을 평평하게 펴서 넣어야 빨리 얼고 쉽게 녹는다.

살림이의 귀뜸
보관했던 밥을 먹을 때는, 실온에 5~10분 정도 두었다가 김이 오른 찜기나 전자레인지에 3분 정도 가열하면 갓 지은 밥처럼 된다.

완벽한 밥짓기

Step 1. 쌀 계량하기

1인 분량은 대략 쌀 100g 정도, 밥으로 지으면 대략 2.5배가 되므로 밥은 250g 정도가 된다.

Step 2. 쌀 씻기

볼에 물을 붓고 쌀을 넣은 뒤, 가볍게 휘저은 후 첫 물은 바로 버린 후 물을 다시 넣고, 힘을 주지 않고 한 방향으로 손을 휘저으며 쌀을 씻는다. 이 과정을 3~4회 반복한다.

Step 3. 쌀 불리기

백미나 칠분도미는 쌀을 불리면 열전도율이 높아져 밥이 골고루 잘 익는다. 쌀이 잠기도록 물을 붓고 30분에서 1시간 정도 물에 담가 충분히 불려준다. 물에 담가 충분히 불리면 더 맛있는 밥을 지을 수 있다.

살림이의 귀띔 채반에 쌀을 불리면 쌀의 작은 틈 사이로 물이 스며들어 전분이 빠져나와 밥맛이 떨어질 수 있다.

Step 4. 밥물 맞추기

쌀을 불리기 전 1컵이었다면, 불린 후에도 쌀 1컵 분량과 같은 양의 물을 넣어준다.

살림이의 귀띔 햅쌀의 경우 0.8배!

일러스트 _ 김병수(한살림수원 조합원)

Step 5. 밥 짓기

밥솥 뚜껑을 덮은 후, 센불과 중불 사이의 불로 끓여준다. 불이 너무 세면 밥물이 갑자기 끓어넘칠 수 있으니 주의한다. 밥이 끓기 시작하면 즉시 약불로 줄여준다.

Step 6. 뜸들이기

끓기 시작하면 약불로 줄여서 10~15분 정도 뜸을 들인다.

살림이의 귀뜸 다 된 밥도 뜸을 잘못 들이면 맛이 없을 수 있다. 뜸 들이기는 밥 속에 남아 있는 수분을 밥알 속까지 고르게 전달하여, 고슬고슬하면서도 차진 밥이 되도록 도와주는 꼭 필요한 과정이다.

Step 7. 밥 푸기

완성된 밥을 그 상태로 오래 내버려두면 밥솥의 증기가 갇힌 채 온도가 내려가지 않기 때문에 물방울이 고이는데, 그대로 두면 밥이 고슬고슬하지 않고 퍼진 밥처럼 된다. 밥을 지을 때 뜸이 다 들면 바로 뚜껑을 열고 주걱으로 가볍게 밥을 섞어 여분의 증기를 날려 보내야 맛있는 밥이 된다.

살림이의 귀뜸 주걱에 물을 적셔 사용하면 밥알이 붙지 않는다.

더 맛있는 밥 짓기

맛있는 밥은 쌀 불리기에서
쌀은 30분에서 1시간 정도 불리면 좋다. 만약 그 이상으로 물에 너무 오래 불려 놓으면 쌀의 영양 성분이 빠져나가 밥맛이 오히려 떨어질 수 있다. 시간이 빠듯하다면, 미지근한 물이나 약간 뜨거운 물에 10분 정도 담가 두었다가 밥을 지으면 짧은 시간 안에 부드러운 밥을 먹을 수 있다.

입맛 돋우는 색다른 밥물
다시마 두 조각을 함께 넣어 짓거나, 다시마를 끓여낸 물로 밥을 지으면 맛도 있고 잡내도 없어진다. 밥물에 소금간을 약간 해두면 간간한 맛이 돌아 입맛이 없을 때 좋고, 미강유를 한두 방울 떨어뜨리면 밥에 윤기가 자르르 돌아 먹음직해진다.

밥물 양은 적당하게
미리 불린 쌀은 쌀 : 물 = 1 : 1
불리지 않은 쌀은 쌀 : 물 = 1 : 1.2
햅쌀은 수분을 많이 함유하고 있으므로 밥물의 양을 조금 적게 잡아준다. 햅쌀과 밥물량은 1:1 정도가 좋다.

묵은 쌀은 말라서 수분이 적은 상태이므로 충분히 불린 후 동량의 물로 밥을 짓는다. 만약, 충분히 불리지 못한 경우 쌀 분량의 1.2배 정도의 밥물이면 밥이 고슬고슬 잘 지어진다.

뜸들이기
센불에서 끓여 거품이 보글보글 일면 약불로 낮춘다. 거품이 잦아들고 밥 표면에 작은 공간들이 생기면 이때 불을 끄고 뚜껑을 닫고 10~15분 동안 뜸을 들인다. 이때 너무 오래 뜸을 들이면 끈적끈적 진밥이 된다. 뜸들이기가 끝나면 주걱으로 밥을 훌훌 섞어주면 여분의 수분이 날아가 밥의 고슬고슬한 질감도 살아난다. 하지만 너무 힘있게 저으면 떡밥이 된다.

설익은 밥 맛있게 살리기
다 끓인 상태의 밥에 젓가락으로 구멍을 여러 개 내고 청주를 조금 뿌린 다음 밥솥의 스위치를 켜거나 약한 불에 5분 정도 두면 맛이 한결 좋아진다.

탄밥, 묵은쌀 냄새를 없애려면
나무주걱이나 나무도시락 뚜껑을 밥 위에 올려놓고 그 위에 큰 숯덩어리 한두 개를 얹은 후 솥뚜껑을 닫아두면 탄냄새가 사라진다. 묵은 쌀은 씻어 불릴 때 식초를 한두 방울 정도 떨어뜨린 물에 담갔다가 건지면 묵은 냄새가 사라진다.

살림이의 귀띔 묵은 쌀로 밥을 지을 때 청주를 한두 방울 넣으면 특유의 잡내를 줄이고, 밥맛을 한층 살릴 수 있다. 밥이 설 익은 경우 밥 위에 물과 청주를 약간 뿌린 뒤 약불에서 다시 익히면, 전분화가 촉진되어 밥이 부드럽고 잘 익는다.

솥에 따른 밥 짓기 요령

1. 무쇠솥으로 밥 짓기

무쇠솥은 무거운 뚜껑이 김을 가두어 밥에 찰기가 있고 윤기도 흐른다. 하지만 자칫 밥물이 넘쳐 실패할 수 있으니, 밥물이 넘치지 않게 쌀의 양을 솥 부피의 70% 이내로 잡아야 한다.

살림이의 귀뜸 무쇠솥에 밥을 할 때 센 불로 5분 정도 후면 끓어 넘치는데, 끓어오르면 약불로 줄여 15분 정도 뜸을 들인다.

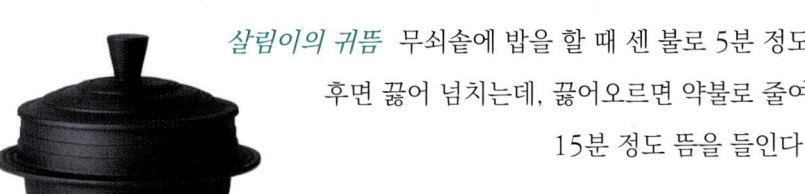

2. 냄비로 밥 짓기

냄비밥을 지을 때는 냄비 바닥이 두툼한 것을 선택하는 것이 좋다. 밥물은 불린 쌀의 1.2배 정도의 물을 잡고 중강불에서 10분 정도 끓인다. 밥물이 바글바글 끓어오르면 약불로 줄여서 약 7~8분 정도 뜸을 들인다.

살림이의 귀뜸 냄비에 밥을 할 때는 뜸 들이기가 중요하다. 뜸들이는 시간(5~10분)을 충분히 주어야 맛있는 밥이 완성된다.

3. 뚝배기로 밥 짓기

뚝배기에 밥을 지을 때는 물의 양을 쌀의 1.2배, 즉 손등 정도 높이로 밥물을 잡는다. 센 불에서 10분 정도 끓이면 밥물이 끓어오르기 시작하는데 끓어오르는 시간까지는 오래 걸리지만, 여열이 오래 남으므로 불을 최대한 줄인 후 밥물이 잦아들면 약불로 5분 정도 뜸을 들이고 불을 끈 뒤 여열로 10분 정도 뜸을 더 들인다.

살림이의 귀뜸 다른 냄비 종류보다 여열이 오래 남아 불을 끄는 시점에 항상 주의를 기울여야 한다.

4. 압력솥으로 밥 짓기

압력솥으로 밥을 지을 때는 물의 양과 뜸들이기가 중요하다. 압력밥솥은 물의 양을 일반솥보다 적게 잡아야 하는데 불리지 않은 쌀은 쌀양과 같은 양(1:1 비율)으로 잡는다. 불린 쌀의 경우에는 쌀양의 0.8배 정도의 물을 붓고 지어야 고스고슬한 밥이 된다. 현미밥이나 잡곡밥처럼 익히는 시간이 오래 걸리고 찰기가 떨어지는 밥을 지을 때 좋다.

살림이의 귀뜸 압력솥에 밥을 할 때 밥물을 잡고 압력이 새지 않게 뚜껑을 잘 닫은 후 센불에서 끓이다가 추가 흔들리면 1분 정도 끓이다가 약불로 줄여 15분 정도 더 끓인다. 백미의 경우 추가 흔들리면 1분 후 불을 끄고 김이 빠질 때까지 기다렸다가 밥을 푸면 되고 잡곡은 15분~20분 현미는 30분 정도 약불에서 끓여야 잘 익은 밥이 된다.

밥에 넣으면 더 맛있는 식재료

잡곡

- 잡곡은 밥의 30% 이내로, 충분히 불려 넣는다.
- 체질이나 계절에 따라 적합한 성질의 잡곡을 이용한다.

차가운 성질의 잡곡 – 팥, 보리, 메밀, 밀, 녹두
누구나 먹어도 좋은 잡곡 – 멥쌀, 콩, 귀리
따뜻한 성질의 잡곡 – 찹쌀, 흑미, 기장, 수수

☞ 추천
달콤말랑한 아주까리콩
소화가 잘 되는 차조
씹는 재미가 있는 이분도통밀쌀

버섯·채소

- 생채소를 넣을 때는 밥물을 조금 적게 해도 좋다.
- 적당한 크기로 썰어 넣어야 빨리 익는다.

☞ 추천
쫄깃하게 씹히는 표고·만가닥·팽이·새송이버섯
은은한 향이 좋은 우엉, 연근, 더덕
든든함 더하는 고구마, 단호박, 감자

건어·해조

- 참기름이나 들기름에 쌀과 함께 볶은 뒤 밥을 안친다.
- 건어와 말린 해조는 밥물을 조금 더 넣어도 좋다

☞ 추천

뼈 튼튼 잔멸치

감칠맛 나는 말린홍합

바다 내음 가득 모둠해초

한 살 림
추   천
밥 요 리

가지전복밥	32	서리태밥	106
간단약식	34	소고기우엉밥	108
감자밥	36	수수밥	110
감자보리밥	38	시금치밥	112
고로쇠물밥	40	시래기밥	114
곤드레밥과 달래장	42	약식	116
구기자무밥	44	여름토마토밥	118
구기자은행밥	46	연근찰밥	120
구기자호두밥	48	영양솥밥	122
국화밥(금반)	50	오곡밥	124
굴무밥	52	오분도미밤밥	126
굴밥	54	옥수수밥	128
김치밥	56	완두콩채소밥	130
냄비밥	58	유채양송이밥	132
냉이바지락밥	60	이분도통밀쌀밥	134
냉이밥과 달래장	62	잔멸치밥	136
냉이숙주현미밥	64	잡곡약밥	138
녹차밥	66	잡곡찹쌀	140
녹차해물밥	68	죽순밥	142
단호박고구마밥	70	찰녹미연근밥	144
단호박영양밥	72	채소밥	146
더덕밥	74	치자밥	148
도라지밥	76	콩나물해장밥	150
두릅밥	78	토마토버섯카레밥	152
마밥	80	톳밥	154
말린가지밥	82	통밀밥	156
머위두부밥	84	팥찰밥	158
모둠해초밥	86	포도즙약밥	160
모둠해초홍합밥	88	해산물프라이팬밥	162
무밥	90	햅쌀솥밥	164
무버섯밥	92	현미밥	166
버섯밥	94	현미채소모둠밥	168
보리밥	96	호두밥	170
비트밥	98	흑미밥	172
뿌리채소밥	100		
삼잎국화나물밥	102	**부록**	
생땅콩밥	104	밥요리 한살림물품	176

가지전복밥

재료

백미 2컵, 다시물 2~3컵, 전복 3개, 가지 1개, 간장 1작은술, 참기름 1큰술, 기호에 따라 양념장 적당량

만드는 방법

❶ 쌀을 잘 씻은 뒤 30분 정도 불려 체에 물기를 제거한다.
❷ 전복은 내장과 살로 분리하고 살은 먹기 좋은 크기로 썬다.
❸ 가지는 4~5cm로 잘라 반달 썰기를 하고, 소금에 살짝 절여 헹군 후 꼭 짠다.
❹ 무쇠솥이나 바닥이 두꺼운 냄비에 참기름을 1큰술 두르고 전복의 내장, 살과 불린 쌀, 간장 1작은술 순으로 넣어 볶는다.
❺ ④의 재료에 다시물을(1cm 못 되도록) 붓고 뚜껑을 닫아 중불로 끓인다.
❻ 뚜껑 밖으로 물이 똑똑 떨어지면 준비해 둔 가지를 올리고 뚜껑을 덮어 약불로 줄인 뒤 10분 정도 끓인다. 불을 끄고 10분 정도 충분히 뜸을 들인다.

🍚 요리 김윤희(한살림서울 조합원)

간단약식

재료
찹쌀 3컵, 밤 10개, 대추 10개, 잣 1큰술

시럽 물 2컵, 황설탕 1컵, 계핏가루 1작은술, 진간장 3큰술, 참기름 2큰술, 미강유 1큰술

만드는 방법
❶ 찹쌀은 씻어서 5시간 정도 불려 건져서 물기를 쪽 뺀다.
❷ 밤은 껍질을 벗겨 4등분하고, 대추는 돌려 깎아 씨를 빼고 3등분 한다.
❸ 시럽을 만든다.
❹ 전기밥솥에 찹쌀, 밤, 대추, 잣, 시럽을 넣고 섞는다.
❺ 전기밥솥 뚜껑을 덮고 일반 취사 버튼을 눌러 밥을 한다.
❻ 약밥을 원하는 모양으로 만들거나 모양틀에 찍어낸다.

◉ 요리 채송미(요리연구가, 맛단지쿠킹 대표, 한살림경기동부 이사장)

감자밥

재료	쌀 2컵, 감자 4~5개, 물 2와 1/2컵, 소금 조금
만드는 방법	❶ 쌀은 씻은 뒤 30분간 불린 뒤 물기를 뺀다. ❷ 감자는 껍질을 벗기고 크게 깍둑썰기 해 5분 정도 물에 담가 전분기를 뺀다. ❸ 불린 쌀과 감자를 섞어 솥에 넣고 밥물에 소금 간을 해서 부어 끓인다. ❹ 끓으면 뚜껑을 덮고 약불에 15분 정도 뜸을 들인다.

🍚 요리 채송미(요리연구가, 맛단지쿠킹 대표, 한살림경기동부 이사장)

감자보리밥

재료 쌀 1컵, 보리 1컵, 감자 2개, 물 2컵

만드는 방법
❶ 쌀을 씻어 체에 밭쳐 30분간 불린다.
❷ 보리는 미리 한 번 삶아 건진다. (96페이지 '보리밥' 참고)
❸ 감자는 껍질을 벗기고 씻는다. 큰 것은 반으로 잘라 놓는다.
❹ 압력솥에 쌀과 보리, 감자를 넣고 밥을 한다.
❺ 추가 세게 흔들리기 시작하면 불을 줄이고 1분 후 불을 끈다.
❻ 저절로 김이 다 빠질 때까지 기다렸다가 뚜껑을 연다.
❼ 감자를 주걱으로 끄면서 밥을 고루 섞어 준다.

🥄 요리 고은정(음식문화운동가, 제철음식학교 대표)

고로쇠물밥

재료 쌀 2컵, 고로쇠물 2컵

만드는 방법
① 쌀을 손으로 가볍게 비비면서 3~4번 씻어 건진다.
② 압력밥솥에 씻어 건진 쌀을 넣는다.
③ 밥물로 고로쇠물을 붓고 30분간 불린다.
④ 솥을 불에 올리고 중불로 끓이다가 추가 흔들리기 시작하면 불을 줄인다.
⑤ 2~3분 뒤 불을 끄고 김이 저절로 빠질 때까지 둔다.
⑥ 뚜껑을 열고 밥을 고루 섞어 푼다.

🍳 요리 고은정(음식문화운동가, 제철음식학교 대표)

곤드레밥과 달래장

재료 곤드레나물(냉동) 200g, 불린 쌀 3컵, 물 3컵, 들기름 1큰술, 소금 1/2작은술

달래장 달래 10가닥 정도, 간장 3큰술, 고춧가루 1큰술, 설탕 1작은술, 깨소금 1큰술, 참기름 약간, 물 1큰술

만드는 방법
① 곤드레나물은 해동한 뒤 물기를 꼭 짜내고 적당한 길이로 썰어 들기름, 소금으로 버무린다.
② 밥솥에 불린 쌀과 분량의 물, ①의 곤드레나물을 넣고 밥을 한다.
③ 달래를 잘게 썰어 분량의 양념과 섞어 달래장을 만든다.
④ 곤드레밥과 달래장을 함께 낸다.

요리 채송미(요리연구가, 맛단지쿠킹 대표, 한살림경기동부 이사장)

구기자무밥

재료 쌀 3컵, 무 1/2개, 구기자 2큰술, 참송이버섯 6개

만드는 방법
❶ 쌀을 씻어서 30분 가량 불린다.
❷ 무를 채 썰어 놓는다.
❸ 채 썰어 놓은 무와 구기자를 쌀 위에 얹고 밥물을 본 다음 밥을 지어 낸다.

※ 양념장을 곁들이면 좋다. 특히 가을이나 겨울엔 무가 달고 맛있어서 먹기 좋다.
※ 무와 버섯에서 수분이 나오므로 밥물을 평소보다 적게 잡는다.

🍲 요리 문성희(자연요리연구가)

구기자은행밥

재료

구기자, 은행, 찹쌀백미, 백미, 청태

만드는 방법

❶ 청태는 먼저 씻어 30분 가량 불린다.
❷ 멥쌀과 찹쌀은 씻어 물기를 뺀다.
❸ 은행과 구기자는 흐르는 물에 살짝 흔들어 씻는다.
❹ ①, ②, ③을 넣고 물 조절을 한 뒤 중불에서 끓인 다음 끓기 시작하면 약불로 뜸을 들인다.

🍳 요리 신인자(한살림서울 조합원)

구기자호두밥

재료 쌀 2컵, 호두 살 1/2컵, 구기자 20g, 구기자 우린 물 2컵, 들기름 1큰술, 간장 1작은술

만드는 방법
❶ 쌀을 씻어 30분간 불린다.
❷ 호두 살을 흐르는 물에 씻고 잘게 썬다.
❸ 구기자는 깨끗하게 씻어 쌀을 불리는 동안 물 2.5컵을 부어 놓는다.
❹ 구기자를 건져 놓는다.
❺ 압력솥에 쌀을 넣고 썰어 놓은 호두 살과 불린 구기자를 넣는다.
❻ 구기자 우린 물 2컵을 넣고 밥을 한다.

🍲 요리 고은정(음식문화운동가, 제철음식학교 대표)

국화밥(금반)

재료 쌀 2컵, 기장 1/2컵, 밤 10개, 금국 4~5송이, 금국차 2.5컵

만드는 방법
❶ 쌀과 기장을 깨끗이 씻어 30분 정도 불린다.
❷ 밤은 껍질을 벗기고 사방 1.5cm 크기로 적당히 썬다.
❸ 금국은 깨끗이 씻어 끓인 물에 우린다.
❹ 솥에 쌀과 잡곡을 담고 금국차로 밥을 한다.
❺ 밥이 다 되면 국화꽃잎을 뜯어 흩뿌려도 좋다.

🍲 요리 고은정(음식문화운동가, 제철음식학교 대표)

굴무밥

재료 불린 쌀 2컵, 월동무 200g, 생굴 200g, 소금, 물 2컵

달래간장 간장 2큰술, 다시마물 2큰술, 달래 3줄기, 청양고추 1/2개, 참기름 1큰술, 볶은참깨 1/2큰술

만드는 방법
1. 굴은 소금물에 살살 씻으면서 껍질을 제거하고 헹군 뒤 물기를 뺀다.
2. 무는 채 썬 후 소금을 약간 뿌려두었다가 물기를 짠다.
3. 솥에 불린 쌀과 물을 부어 센불에서 끓으면 중불로 줄인 후 무를 고루 깔고 끓이다, 밥 익는 냄새가 나면 약불로 줄인 후 굴을 올려 뜸을 들인다.
4. 달래는 잘게 자르고, 청양고추는 다져 재료와 섞어 달래간장을 만든다.
5. 뜸이 들면 굴과 무를 잘 섞어 밥을 담고, 달래간장과 곁들여 낸다.

요리 채송미(요리연구가, 맛단지쿠킹 대표, 한살림경기동부 이사장)

굴밥

재료

쌀 2컵, 손질한 굴 300g, 청주 1큰술, 물 2컵, 들기름 1큰술, 간장 1큰술

양념장 간장 1큰술, 물 1큰술, 송송 썬 쪽파 조금, 참기름, 통깨

만드는 방법

❶ 쌀은 씻어 체에 받쳐 20분간 불린다. 햅쌀은 불리지 않아도 된다.
❷ 굴은 3% 농도의 소금물에 흔들어 씻어 물기를 뺀다.
❸ 냄비에 쌀을 넣고 물을 넣은 뒤 센불로 밥을 한다.
❹ 밥물이 끓으면 불을 줄이고 손질한 굴, 청주 1큰술, 들기름(+간장)을 넣고 약불로 15분간 끓인다.
❺ 불을 끄고 뚜껑을 닫은 채로 5분간 뜸을 들인다. 양념은 분량대로 섞어 양념장을 만든다.
❻ 밥을 골고루 섞은 후, 그릇에 담아 양념장과 함께 낸다.

🍲 요리 한살림식생활센터 절기식문화연구분과

김치밥

재료

쌀 3컵, 물 3컵, 김치 200g, 돼지고기 200g, 느타리버섯 100g, 표고버섯 5개, 국간장 1큰술, 들기름 약간, 후추 약간

양념간장 맛간장 5큰술, 파 반 뿌리, 마늘 1쪽, 고춧가루 1큰술, 깨소금 1큰술, 참기름 약간

만드는 방법

❶ 쌀은 씻은 뒤 30분간 불린 뒤 물기를 뺀다.
❷ 김치는 국물을 꼭 짠 다음 잘게 쫑쫑 썬다. 돼지고기도 김치 크기로 썬다.
❸ 돼지고기에 국간장, 후추로 밑간을 한다.
❹ 밑간한 돼지고기를 들기름에 볶다가 김치를 넣고 볶는다.
❺ 30분간 불린 쌀을 넣고 밥물을 1:1 비율로 붓는다.
❻ 밥솥에 준비해 둔 김치와 돼지고기를 얹은 후 밥을 한다.
❼ 밥이 다 되면 밥을 고루 섞은 후 큰 그릇에 퍼서 양념간장에 비벼 먹는다.

🍲 요리 고은정(음식문화운동가, 제철음식학교 대표)

냄비밥

재료 쌀 2컵, 물 2.5컵, 다시마 1조각

만드는 방법

❶ 쌀에 물을 붓고 박박 문지르지 말고 대충 씻는다는 기분으로 휘휘 저어 재빨리 물을 버린다.
❷ 3~4회 휘휘 저으면서 꼼꼼하게 씻어 체에 받쳐 30분간 불린다.
❸ ②의 불린 쌀과 다시마 한 조각을 넣고 센 불에서 밥을 한다. 냄비에 밥할 때는 끓어 넘치지 않도록 주의한다. 유리 뚜껑을 쓰면 속이 보여 좋다.
❹ 밥이 끓기 시작하면 약불로 줄이고 15분간 끓인다.
❺ 불을 끄고 뚜껑을 열지 말고 5분간 뜸을 들인 후 밥을 고루 섞어서 푼다.

🍳 요리 고은정(음식문화운동가, 제철음식학교 대표)

냉이바지락밥

재료

쌀 2컵, 냉이 100g, 바지락 육수 2.5컵, 미온(맛술) 1큰술

바지락 맛국물 바지락 300g, 물 2.5컵

만드는 방법

❶ 쌀을 씻어 체에 밭쳐 30분간 불린다.
❷ 바지락을 소금물에 담가 어두운 곳에서 해감을 한 후 바락바락 비벼 씻는다.
❸ 냄비에 바지락과 물을 넣고 바지락이 입을 열 때가지 끓여 체에 밭쳐 두고 맛국물은 따로 담아 둔다.
❹ 냉이는 깨끗하게 다듬어 모래가 나오지 않을 때까지 씻어 건져 놓는다.
❺ 냄비에 불린 쌀과 바지락 맛국물, 미림을 넣고 센 불에서 밥을 한다.
❻ 밥이 끓기 시작하면 불을 줄이고 밥물이 자작하게 될 때까지 더 끓인다.
❼ 밥물이 자작하게 잦아들면 손질해 둔 냉이를 2cm 길이로 썰어 밥 위에 얹는다.
❽ 건져 두었던 바지락을 밥 위에 얹는다.
❾ 불을 최대한 약하게 줄이고 15분간 뜸을 들인다.
❿ 뚜껑을 열지 말고 2~3분간 후뜸을 들여 밥을 푼다.

● 요리 고은정(음식문화운동가, 제철음식학교 대표)

냉이밥과 달래장

재료 불린 쌀 2컵, 말린표고버섯 3개, 다시마 1조각, 냉이 40g, 당근 30g

채수 건표고 3개, 자른 다시마 2~3조각, 물 2컵

달래장 달래 10g, 간장 3큰술, 물 1큰술, 고춧가루 1/2큰술, 참기름 1큰술, 깨소금 1작은술

만드는 방법

① 쌀은 씻은 뒤 30분간 불린 뒤 물기를 뺀다.
② 냉이는 불순물이 남아 있지 않도록 흐르는 물에 여러 번 씻은 뒤 잘게 다진다.
③ 말린표고버섯은 다시마와 함께 맛국물을 낸다. 맛국물을 낸 표고버섯은 물기를 짜 잘게 다진다. 당근도 잘게 다진다.
④ 냄비에 불린 쌀과 ③의 표고버섯, 당근을 넣고 ③의 채수를 부어 밥을 짓는다.
⑤ 밥이 끓기 시작하면 ②의 냉이를 올려 뜸을 들인다.
⑥ 달래는 잘게 썰고 분량의 재료를 섞어 달래간장을 만들어 밥과 곁들여 낸다.

요리 채송미(요리연구가, 맛단지쿠킹 대표, 한살림경기동부 이사장)

냉이숙주현미밥

재료

현미 1컵, 현미찹쌀 1컵, 냉이 160g, 숙주 50g, 건표고 3개, 건다시마 3개

양념장 들기름 1큰술, 집간장 1큰술, 채수(채소 우린 물) 1큰술, 참깨 간 것 1큰술, 고춧가루 1작은술, 청양고추 작은 것 1/2개

만드는 방법

❶ 현미와 현미찹쌀을 1시간 가량 불린다.
❷ 물 4컵에 건표고, 건다시마를 넣고 1시간 이상 우린다.
❸ ②에서 건진 표고버섯의 물기를 꼭 짜서 반으로 자르고, 부채꼴 모양으로 썬다.
❹ 냉이와 숙주를 흐르는 물에 깨끗이 씻어 손질한 다음, 냉이만 잘게 다져 썬다.
❺ 2.2배의 물의 양과 불린 현미를 압력솥에 넣고 채수로 밥물을 맞춘다.
❻ ⑤를 뚜껑 없이 5분간 센 불에서 끓이다가 현미가 끓기 시작하면 다진 냉이, 숙주, 썰어놓은 표고버섯을 넣고 약한 불로 줄여 15~20분 정도 뜸을 들인다.
❼ 청양고추를 잘게 다진 후 씨를 제거하고 다른 재료들과 섞어 양념장을 만든다.
❽ 밥과 양념장을 따로 그릇에 담아 취향에 따라 양념장을 넣어 비벼 먹는다.

※ 숙주나물이 연하기 때문에 따로 끓는 물에 30초~1분 정도 데쳤다가 조리가 끝난 냉이현미밥에 얹어서 함께 먹어도 좋다.

🍲 요리 이윤서(요리연구가)

녹차밥

재료 쌀 2컵, 녹찻물 2컵, 녹차잎 10g

만드는 방법
❶ 쌀은 씻어 30분 정도 불리고 찻잎도 물을 넉넉하게 붓고 불린다.
❷ 찻잎은 짜고 녹차물로 밥을 짓는다.
❸ 솥에 쌀을 넣고 부글부글 밥물이 끓어오르면 건져두었던 불린 찻잎을 넣고 뜸을 들인 뒤 밥이 다 되면 고루 섞어 그릇에 담는다.

※ 밥할 때 처음부터 찻잎을 넣지 않아야 풍미가 더 좋다.

◉ 요리 채송미(요리연구가, 맛단지쿠킹 대표, 한살림경기동부 이사장)

녹차해물밥

재료 쌀 2컵, 녹찻잎 10g, 뜨거운 물 3컵, 말린 홍합살 10개, 생새우 5~6마리, 바지락살 100g, 소금 약간

비빔장 간장 2큰술, 물 2큰술, 다진 대파 2큰술, 다진 마늘 1작은술, 고춧가루 1큰술, 깨소금 1큰술, 들기름 1큰술

만드는 방법

❶ 쌀을 깨끗이 씻어 30분간 불린다.
❷ 뜨거운 물에 녹차를 우린다.
❸ 마른 홍합살은 씻어서 물에 불리고, 생새우는 껍질을 벗기고 얇게 저며 놓는다. 바지락살은 소금물에 살살 흔들어 씻어 놓는다.
❹ ①의 불린 쌀 2컵, ②의 녹차 우린 물을 담고 해산물을 쌀 위에 얹는다.
❺ 냄비를 불에 올리고 센불로 끓이다가 거품이 끓어 넘치려고 하면 불을 약하게 줄이고 20분간 더 끓인다.
❻ 불을 끄고 2~3분간 후뜸을 들인다.
❼ 밥을 골고루 섞어 담고 비빔장과 같이 낸다.

※ 우리고 난 찻잎을 넣으면 해산물의 비린내를 잡을 수 있다.

🍲 요리 고은정(음식문화운동가, 제철음식학교 대표)

단호박고구마밥

재료 쌀 2컵, 미니단호박 1/2개, 고구마 1개, 물 2컵

만드는 방법
❶ 쌀은 깨끗이 씻어 30분간 불린다.
❷ 호박은 깨끗이 씻어 반으로 가른 다음 속을 제거하고 한입에 먹기 좋은 크기로 자른다.
❸ 고구마는 깨끗이 씻어 양 끝부분을 잘라 내고 단호박과 같은 크기로 썬다.
❹ 불린 쌀을 압력솥에 담고 물을 부은 뒤 뚜껑을 연 채로 밥을 한다.
❺ 밥이 끓어 물이 잦아들면 밥 위에 단호박과 고구마를 얹고 뚜껑을 덮어 압력을 건다.
❻ 추가 흔들리면 불을 줄이고 1분간 두었다가 불을 끄고 김이 저절로 빠질 때까지 기다린다.
❼ 솥의 김이 다 빠지면 뚜껑을 열어 밥을 골고루 섞은 뒤 그릇에 담아낸다.

🍚 요리 고은정(음식문화운동가, 제철음식학교 대표)

단호박영양밥

재료 단호박 1개(1kg), 쌀 1컵, 찹쌀백미 1/2컵, 깐은행 4알, 깐밤 6개, 생표고버섯 1개, 건대추 2개, 물 1과1/2컵

양념장 진간장 1큰술, 다시마국물 1큰술, 참기름 1큰술, 볶은참깨 1큰술, 다진 파 1큰술, 고춧가루 1작은술

만드는 방법

❶ 쌀과 찹쌀백미를 깨끗하게 씻어 물에 30분 정도 불린 후 체에 밭쳐 물기를 뺀다.
❷ 건대추는 깨끗이 닦아 씨를 뺀 뒤 3등분하고, 깐밤은 반으로 나눈다. 표고버섯은 밑동을 떼어 내고 채 썬다.
❸ 깐은행은 달군팬에 현미유를 약간 두른 후 주방휴지로 감싸 비벼가며 껍질을 벗긴다.
❹ 압력밥솥에 물, 쌀, 찹쌀백미, 깐밤, 표고버섯, 건대추를 넣고 밥을 짓는다.
❺ 김이 오른 찜기에 단호박을 넣고 5분간 찐 다음 단호박 윗면을 자르고 속씨를 파낸다.
❻ ❹의 밥이 완성되면 깐은행을 넣고 고루 섞어 ❺의 단호박 속에 채워 넣는다.
❼ ❻의 단호박을 김이 오른 찜기에서 10분간 찐 다음 양념장과 함께 낸다.

※ 단호박 두께에 따라 익는 시간이 조금씩 다르므로 젓가락 등으로 찔러서 완전히 들어갈 때까지 익힌다.
※ 단호박에 밥을 채울 때 뜨거운 채로 넣으면 김이 차서 밥이 질어질 수 있으니 한 김 식혀서 넣는다.

요리 채송미(요리연구가, 맛단지쿠킹 대표, 한살림경기동부

더덕밥

재료 쌀 2컵, 산더덕 2개, 만가닥버섯 50g, 미니파프리카 2개, 들기름 1작은술, 소금 1작은술

양념장 고춧가루 1큰술, 다진 양파 1큰술, 다진 쪽파 1큰술, 진간장 3큰술, 참기름 1작은술, 볶은참깨 1작은술

만드는 방법
1. 산더덕은 껍질을 벗겨 어슷 썬 후 들기름, 소금으로 밑간한다.
2. 만가닥버섯은 손으로 찢고, 미니파프리카는 먹기 좋은 크기로 썬다.
3. 쌀로 밥을 짓는다. 전기밥솥을 이용할 때는 쌀을 넣을 때부터 더덕을 함께 넣는다.
4. 밥의 뜸을 들일 때 더덕과 만가닥버섯, 미니파프리카를 밥에 얹어 함께 뜸 들인다.
5. 양념장 재료를 모두 섞고 더덕밥과 곁들여 낸다.

※ 더덕의 아삭아삭한 식감을 살리기 위해서는 냄비밥을 추천한다.

요리 경봉스님(사찰음식연구가, 자연요리연구소 소장)

도라지밥

재료	쌀 2.5컵, 도라지 100g, 마 200g, 물 2.5컵
	양념장 간장 3큰술, 더덕 보푸라기 1큰술, 쪽파 5뿌리, 들기름 1큰술, 깨소금 1큰술, 고춧가루 1작은술
만드는 방법	❶ 쌀을 씻어 30분간 불린다. ❷ 도라지를 깨끗이 씻어 끓는 물에서 한 번 데친 후 껍질을 벗긴다. ❸ 껍질을 벗기고 손질한 도라지를 잘게 찢거나 채 썬다. ❹ 불린 쌀을 솥에 넣고 밥물을 잡은 후 채 썬 도라지를 얹어 밥을 한다. ❺ 더덕의 껍질을 까서 보푸라기를 낸 후 양념장을 만든다. ❻ 밥이 다 되면 양념장과 곁들여 낸다.

요리 고은정(음식문화운동가, 제철음식학교 대표)

두릅밥

재료 쌀 2컵, 두릅 4개, 물 2.5컵

양념장 간장 2큰술, 육수 2큰술(또는 물), 다진 달래 2큰술, 참기름·깨소금 약간

만드는 방법

❶ 쌀은 씻은 뒤 30분간 불린 뒤 물기를 뺀다.
❷ 두릅은 껍질을 떼어 내고 손질해 깨끗이 씻어 물기를 제거한다.
❸ 씻어둔 두릅 2~3개는 먹기 좋은 크기로 썰어 둔다.
❹ 불린 쌀은 냄비에 담고 물을 부어 밥을 한다.
❺ 밥이 끓기 시작해 물이 잦아들면 썰어 놓은 두릅을 밥 위에 올리고 온전한 두릅은 모양이 좋게 올려 뜸을 들인다.
❻ 분량의 재료로 양념장을 만든다.
❼ 뜸이 들면 두릅과 밥을 고루 잘 섞어 그릇에 담고 온전한 두릅을 위에 얹어 양념장과 함께 낸다.

🍴 요리 고은정(음식문화운동가, 제철음식학교 대표)

마밥

재료 쌀 2컵, 마 1/2개, 물 2컵

만드는 방법
❶ 쌀은 씻어 체에 받쳐 30분간 불린다.
❷ 마는 껍질을 깎아 먹기 좋은 크기로 깍둑썰기 한다.
❸ 솥에 ①과 ②를 넣고 밥물을 넣어 밥을 짓는다.
❹ 밥이 되면 뚜껑을 열고 고루 섞어 밥을 푼다.
❺ 마가 골고루 보이도록 담아낸다.

※ 마는 참마, 둥근마 모두 사용 가능하다.

요리 한살림식생활센터 절기식문화연구분과

말린가지밥

재료

말린가지 50g, 쌀 2컵, 돼지고기 100g, 물 2.5컵, 들기름 1큰술, 간장 1큰술

비빔장 간장 2큰술, 물 2큰술, 참기름 1큰술, 다진 파 2큰술, 다진 마늘 1작은술, 고춧가루 1/2큰술, 깨소금 1큰술

만드는 방법

❶ 쌀은 잘 씻은 뒤 30분 정도 불려 체에 물기를 제거한다.
❷ 말린가지는 물에 한 번 씻어 따뜻한 물에 15분간 불려 물기를 뺀다.
❸ 불린 가지와 돼지고기에 간장과 들기름을 넣고 조물조물 무친다.
❹ 불린 쌀을 넣고 밥물을 부은 다음 ③의 재료를 얹어 밥을 한다.
❺ 밥이 끓기 시작하면 불을 약하게 줄이고 20분간 두었다가 불을 끈다.
❻ 뚜껑을 열지 말고 2~3분간 후뜸을 들인다.
❼ 비빔장을 만들어 같이 낸다.

🍳 요리 고은정(음식문화운동가, 제철음식학교 대표)

머위두부밥

재료 쌀 2컵, 머위 200g, 물 2컵, 두부 반 모, 녹말가루, 들기름

양념장 간장 2큰술, 육수 2큰술(또는 물), 다진 달래 2큰술, 참기름·깨소금 약간

만드는 방법
❶ 쌀은 씻은 뒤 30분간 불린 뒤 물기를 뺀다.
❷ 머위잎은 다듬어 6㎝ 크기로 썬다.
❸ 두부는 1㎝ 크기로 잘라 녹말을 입혀 들기름 두른 팬에 넣고 바삭하게 굽는다.
❹ ❸에 간장을 넣고 볶다가 ❷를 넣어 살짝 볶는다.
❺ 냄비에 불린 쌀과 동량의 물을 넣고 ❹를 올려 밥을 짓는다.

요리 류귀애(요리연구가, 한살림식생활센터 연구위원)

모둠해초밥

재료	모둠해초 1봉(20g), 쌀 4컵, 물 4컵, 현미유 1큰술, 진간장 1큰술
	양념장 산나물모음 20g, 진간장 2큰술, 들기름 1작은술

만드는 방법	❶ 쌀은 씻은 뒤 30분간 불린 뒤 물기를 뺀다.
	❷ 모둠해초는 따뜻한 물에 10분 정도 담가 불린다.
	❸ 불린 쌀을 냄비나 압력밥솥에 넣고 현미유, 진간장을 섞어 뒤적인 뒤 쌀 위에 모둠해초를 얹는다.
	❹ 냄비밥을 지을 때와 같은 방법으로 불조절을 하여 밥을 짓는다. 전기압력밥솥은 백미밥 취사 기능을 이용한다.
	❺ 진간장에 들기름을 섞고 산나물모음을 종종 썰어 넣어 양념장을 만든 뒤 밥이 완성되면 함께 비벼 먹는다.

요리 경봉스님(사찰음식연구가, 자연요리연구소 소장)

모둠해초홍합밥

재료 오분도미 1/2컵, 생홍합살 6개, 모둠해초 1큰술, 무말림 1큰술, 참기름 1작은술, 물 2/3컵

양념장 달래 10줄기, 양파 1/4개, 진간장 6큰술, 고춧가루 2작은술, 참기름 1작은술, 볶은참깨 약간

만드는 방법

❶ 오분도미는 씻어서 1시간 정도 불리고 생홍합살은 차가운 소금물에 담가 해동한 뒤 흐르는 물에 여러 번 헹구고 체에 받쳐 물기를 제거한다.
❷ 모둠해초, 무말림은 물에 한 번 헹구고 10분간 물에 불린 뒤 물기를 짠다.
❸ 달래는 손질하여 잘게 썰고, 양파는 다져서 여분의 양념장 재료와 함께 섞는다.
❹ 달군 냄비에 참기름을 두르고 홍합살, 모둠해초, 무말림을 중불로 살짝 볶다가 건져둔다. 같은 냄비에 오분도미를 볶다가 물 2/3컵을 붓고, 볶아둔 재료를 다시 넣고 뚜껑을 덮어 중불에서 10분 끓이다 약불로 줄여 3분 정도 더 끓인 후 불을 끄고 5분간 뜸 들인다.
❺ 완성된 밥을 ❸의 양념장에 비벼 먹는다.

※ 김 또는 감태에 밥과 양념장을 싸 먹어도 맛있다.

🍳 요리 임경호(요리연구가, 파주 키친컬쳐앤 푸드랩 대표)

무밥

재료 쌀 2.5컵, 무 100g, 다시다 우린 물 2컵

양념장 냉이 20g, 간장 3큰술, 고춧가루 1큰술, 설탕 1작은술, 깨소금 1큰술, 참기름 약간, 물 1큰술

만드는 방법
1. 쌀은 씻은 뒤 체에 걸러 물기를 빼고 30분간 불린다.
2. 불린 쌀 위에 채 썬 무를 올려 놓고 다시마 우린 물을 부어 밥을 짓는다.
3. 냉이양념장이나 간장양념장을 넣어 비벼 먹는다.

※ 밥을 지을 때 무에서 물이 나오므로 평소보다 밥물의 양을 좀 적게 잡는다.

요리 한살림서울 식생활위원회

무버섯밥

재료 쌀 2컵, 물 1.8컵, 무 400g, 버섯들 100g, 들기름 1큰술, 국간장 1큰술

양념장 간장 3큰술, 채수 3큰술, 고춧가루 1큰술, 다진 파 1큰술, 다진 마늘 1작은술, 참기름 1큰술, 통깨 1큰술

만드는 방법

❶ 쌀은 씻은 뒤 체에 걸러 물기를 빼고 30분간 불린다.
❷ 무는 깨끗이 씻어 약간 굵게 채 친다.
❸ 모둠버섯은 무와 비슷한 크기로 썰거나 찢어 놓는다.
❹ 무와 버섯을 분량의 들기름과 국간장을 넣고 살살 버무린다.
❺ 압력밥솥에 불린 쌀을 넣는다. 무와 버섯에 수분이 많으므로 불리기 전 쌀의 80% 분량으로 밥물을 잡는다.
❻ 밥솥에 버무려 놓은 무와 버섯을 얹어 밥을 한다.
❼ 양념장을 만든다.

◉ **요리** 고은정(음식문화운동가, 제철음식학교 대표)

버섯밥

재료 쌀 2컵, 새송이버섯 1개, 생표고버섯 3개, 팽이버섯 1봉, 만가닥버섯 1/3봉, 새우 8마리, 소금 조금, 물 2컵

양념장 진간장 4큰술, 참기름 1큰술, 청·홍고추 1/2개씩, 구운김 2장

만드는 방법

❶ 쌀은 씻은 뒤 체에 걸러 물기를 빼고 30분간 불린다.
❷ 버섯은 흐르는 물에 재빨리 씻어 얇게 썬다. 표고버섯은 밑동을 잘라내고 갓만 얇게 썰고, 만가닥버섯과 팽이버섯은 밑동을 잘라내고, 새송이버섯은 반으로 자른 다음 모양을 살려 얇게 썬다.
❸ 새우는 옅은 소금물에 살짝 씻어 건진다.
❹ 솥에 불린 쌀, 버섯, 새우, 물을 부어 센불에서 끓인다. 한소끔 끓고 나면 중간 불로 끓이다 밥물이 잦아들면 약한 불에 뜸을 들인다.
❺ 구운김을 부순 후, 분량의 양념장과 섞어서 함께 낸다.

※ 버섯은 고유의 향이 있으므로 파, 마늘과 같이 강한 향을 내는 재료는 가급적 함께 사용하지 않도록 한다.

요리 채송미(요리연구가, 맛단지쿠킹 대표, 한살림경기동부 이사장)

보리밥

재료 보리쌀 2컵(물 6컵), 쌀 1/2컵(뜨거운 물 1/2컵)

만드는 방법
❶ 쌀은 씻은 뒤 체에 걸러 물기를 빼고 30분간 불린다.
❷ 보리쌀은 물을 적게 넣고 박박 주물러 두 번 씻고 3~4번 헹군다.
❸ 밥솥에 보리쌀과 분량의 물을 넣고 끓인다.
❹ 보리쌀이 끓기 시작하면 불을 최소로 줄여 15~20분 더 끓인 후 뚜껑을 열어 퍼졌는지 확인한다.
❺ 보리쌀이 다 퍼지고 물이 조금 남아 있을 때 불려 둔 쌀을 위에 펴서 얹고 준비해 둔 뜨거운 물을 가장자리에 살살 붓고 뚜껑을 덮은 뒤 중간불로 올린다.
❻ 다시 김이 나기 시작하면 불을 최소로 줄이고 15분 후 불을 끈다.
❼ 뚜껑을 열지 않고 5분간 두었다가 밥을 푼다.

※ 미리 삶아 둔 보리쌀을 멥쌀과 함께 넣어 바로 밥을 해도 된다. 쌀을 넣지 않고 보리쌀만으로 한 밥을 '꽁보리밥'이라고 부른다.
※ 보리쌀의 온도를 유지하기 위해 뜨거운 물을 사용한다.

🍲 요리 고은정(음식문화운동가, 제철음식학교 대표)

비트밥

재료	현미 1/2컵, 쌀 2컵, 비트 200g, 물 2와1/3컵
만드는 방법	❶ 쌀과 현미는 섞어 씻은 뒤 1시간 불린 후 체에 받친다. ❷ 비트는 껍질째 채 썬 후, 쫑쫑 다진다는 느낌으로 썬다. ❸ 불린 쌀에 비트를 넣고, 물의 양(불린 쌀 : 물 = 1 : 0.9)은 평소보다 적게 잡아 솥에 앉혀 밥을 짓는다. ※ 비트밥은 양념장에 비벼 먹어도 맛있지만, 양념장 없이 먹는 것을 더 추천한다.

🍳 요리 김동연(한살림 산애들공동체 생산자)

뿌리채소밥

재료

불린 쌀 3컵, 우엉, 연근, 고구마, 양송이버섯, 다시마, 물3컵

양송이양념장 양송이 2~3개, 진간장 3큰술, 다진마늘 1작은술, 깨소금 1작은술, 참기름 1작은술, 고춧가루 1작은술, 후추 약간

만드는 방법

❶ 쌀은 씻은 뒤 체에 걸러 물기를 빼고 30분간 불린다.
❷ 우엉, 연근, 당근, 고구마, 양송이버섯, 다시마는 잘게 썰어 준비한다.
❸ 솥에 쌀, 잘게 썰어 놓은 뿌리채소, 물을 붓고 밥을 한다.
❹ 양념장은 양송이버섯을 다지고 진간장, 다진마늘, 깨소금, 참기름, 고춧가루, 후춧가루를 섞어서 만든다.
❺ 밥에 양념장을 넣고 비벼 먹는다.

※ 불리지 않은 쌀의 경우 쌀과 물의 비율을 1 : 1.2로 한다.

🍳 요리 채송미(요리연구가, 맛단지쿠킹 대표, 한살림경기동부 이사장)

삼잎국화나물밥

재료
쌀 3컵, 삼잎국화나물 100g, 된장 1큰술, 들기름 1큰술, 물 3컵

만드는 방법
❶ 삼잎국화나물은 손질하여 데친다.
❷ 삼잎국화나물은 적당한 길이로 썰어 된장, 들기름을 넣고 조물조물 무친다.
❸ 밥솥에 불린 쌀, ①의 나물, 물을 붓고 밥을 짓는다.

※ **삼잎국화나물된장국**
재료
삼잎국화나물 100g, 된장 2큰술, 다진마늘 1큰술, 국물멸치 10마리, 다시마 1장, 물 6컵

방법
❶ 멸치와 다시마를 넣고 육수를 낸다.
❷ 삼잎국화나물은 잎과 줄기를 분리한 뒤 줄기는 고구마줄기 벗기듯 억센 껍질을 벗긴다.
❸ ①를 끓는 물에 데쳐서 찬물에 여러 번 씻어 빼준다.
❹ ③의 데친 나물을 적당한 크기로 썰어 된장, 다진마늘을 넣고 조물조물 무친다.
❺ 육수가 팔팔 끓으면 ④의 양념한 나물을 넣어 끓인다.

요리 채송미(요리연구가, 맛단지쿠킹 대표, 한살림경기동부 이사장)

생땅콩밥과 부추양념장

재료 생알땅콩120g, 오분도미 3컵, 물 3컵, 소금 1/8작은술

부추양념장 부추 50g, 조선간장 3큰술, 생수 3큰술, 미온(맛술) 1/2큰술, 참기름(또는 들기름) 1큰술

만드는 방법
1. 오분도미쌀을 씻어서 4시간 정도 불린 후 분량의 생알땅콩과 소금을 넣고 밥솥에 밥을 짓는다.
2. 약불에서 15분, 센불로 바꾸어 5분, 다시 약불로 줄여 25분간 가열한 후 불에서 솥을 내리고 5분 동안 뜸을 들인 다음 밥을 푼다.
3. 부추는 얇게 송송 썰어 분량의 다른 부추장 재료들과 함께 섞는다.
4. 완성된 생알땅콩밥을 부추장에 비벼 먹는다.

🍳 요리 이양지(마크로비오틱 가정요리전문가)

서리태밥

재료
쌀 2컵, 서리태 1/2컵, 물 3컵

만드는 방법
① 서리태는 깨끗이 씻어 물에 1~2시간 정도 불린다.
② 백미는 씻은 뒤 30분 정도 불려서 체에 밭친다.
③ 압력솥에 ①과 ②를 섞어 담고 3컵의 밥물을 넣고 센 불로 가열한다.
④ 추가 올라오거나 흔들리면 불을 아주 약하게 줄여 15분 정도 뒀다가 불을 끄고 뜸을 들인 뒤 밥을 섞는다.

※ 증기를 강제로 빼주면 고슬고슬한 식감의 밥이 완성돼요.

🍚 요리 한살림식생활센터

소고기우엉밥

재료

쌀 2컵, 물 2컵, 소고기 150g, 우엉 150g, 들기름 1큰술, 간장 1큰술, 미온(맛술) 1큰술

만드는 방법

❶ 쌀을 씻어 30분간 불린다.
❷ 소고기는 한입 크기로 썬다.
❸ 우엉은 흐르는 물에 박박 문질러 씻고, 껍질째 길게 반으로 갈라 얇게 어슷썰기한다.
❹ 압력솥에 불린 쌀과 밥물을 넣고 소고기와 우엉을 올린다.
❺ 들기름과 간장, 미온(맛술)을 분량에 맞춰 넣는다.
❻ 흰쌀밥을 하는 방법으로 밥을 짓는다.

요리 고은정(음식문화운동가, 제철음식학교 대표)

수수밥

재료 쌀 2컵, 찰수수 1/2컵, 물 3컵, 소금 약간

만드는 방법
❶ 쌀과 찰수수를 씻은 뒤 체에 걸러 물기를 빼고 30분간 불린다.
❷ 압력밥솥을 불에 올리고 뚜껑을 연 채로 센 불로 끓인다.
❸ 물이 끓기 시작하면 불린 쌀과 소금을 넣고 뚜껑을 덮어 밥을 한다.

🍴 요리 고은정(음식문화운동가, 제철음식학교 대표)

시금치밥

재료 쌀 2컵, 시금치 250g, 들기름 2큰술, 홍합살 100g, 통새우 4마리, 미온(맛술) 1큰술, 시금치물 2.5컵

양념장 간장 1큰술, 물 1큰술, 다진 대파 1큰술, 다진 마늘 1작은술, 고춧가루 1작은술, 깨소금 1큰술, 참기름 1큰술

만드는 방법

❶ 쌀을 깨끗이 씻어 30분간 불린다.
❷ 시금치를 다듬어 깨끗이 씻은 다음 길이로 반을 갈라 먹기 좋은 크기로 자른다.
❸ 시금치 50g을 물 2컵과 함께 곱게 간다.
❹ 홍합은 손질해 3% 소금물에 흔들어 씻어 건져 놓고, 생새우는 껍질을 벗기고 내장을 제거한 다음 얇게 저며 놓는다.
❺ 냄비에 손질한 홍합살과 새우를 들기름과 같이 넣고 볶다가 시금치를 넣고 시금치 숨이 죽게 볶는다.
❻ 볶은 재료를 다른 그릇으로 옮기고 불린 쌀을 넣은 후 시금치물과 미온을 붓고 센불로 밥을 끓인다.
❼ 밥이 끓기 시작하면 불을 최소로 줄이고 15분간 뜸을 들인다.
❽ 뚜껑을 열고 옮겨두었던 해물과 시금치를 뜸을 들인 밥에 얹는다.
❾ 센 불로 올렸다가 약 30초 후 불을 끄고 5분간 뚜껑을 열지 말고 기다렸다가 고루 섞어 밥을 푼다.
❿ 양념장과 함께 낸다.

요리 고은정(음식문화운동가, 제철음식학교 대표)

시래기밥

재료 쌀 2컵, 삶은 시래기 200g, 들기름 1큰술, 간장 1큰술, 물 2컵

만드는 방법
❶ 쌀은 씻은 뒤 체에 걸러 물기를 빼고 30분간 불린다.
❷ 시래기를 삶아 물기를 꼭 짠 후 2~3㎝ 길이로 쫑쫑 썰어 놓는다.
❸ 삶은 시래기에 들기름, 간장으로 밑간을 한다.
❹ 전기밥솥에 쌀, 시래기, 물을 붓고 취사 버튼을 눌러 밥을 한다.
❺ 양념장을 곁들여 낸다.

※ 곤드레나물, 취나물 등도 같은 방법으로 만들어 먹어도 좋다.

🍳 요리 고은정(음식문화운동가, 제철음식학교 대표)

약식

재료 찹쌀 3컵, 대추 10개, 잣 1큰술, 밤 10개, 호두 10개, 물 1과1/2컵

양념 마스코바도(황설탕) 100g, 계핏가루 1작은술, 참기름 2큰술, 진간장 3큰술, 꿀 2큰술

만드는 방법

❶ 찹쌀은 씻어 6시간 정도 물에 불려 체에 건진다.
❷ 물을 축인 면보를 찜기에 깔고 ①의 찹쌀을 40분 동안 찐다. 찌는 중간 세 차례 정도 물을 반 컵씩 골고루 뿌려준다.
❸ 밤은 속껍질까지 벗겨 4~6등분한다. 대추는 따뜻한 물에 씻은 후 돌려 깎아 씨를 뺀 후 3~4등분한다. 호두는 뜨거운 물에 담갔다가 건진다.
❹ 냄비에 양념 재료를 넣고 약한 불에 5분 동안 녹인 후 쪄낸 찹쌀에 붓고 버무린다.
❺ ④에 ③의 손질한 견과를 넣고 골고루 버무려 2시간 정도 상온에 두어 맛이 배도록 한다.
❻ 찜기에 ⑤을 다시 담아 40분간 찐다.

※ 설탕양은 기호에 맞게 조절한다.

요리 채송미(요리연구가, 맛단지쿠킹 대표, 한살림경기동부 이사장)

여름토마토밥

재료 현미 1컵, 물 1과1/2컵, 완숙토마토 1개, 소금약간. 김. 쌈채소모음

만드는 방법
① 냄비에 불리지않는 현미와 소금, 물을 넣는다.
② 토마토는 꼭지 부분을 떼고, 뒤집어서 아랫부분에 십자 칼집을 낸다.
③ 십자 칼집 낸 부분을 위로 향하게 한 뒤 냄비 안에 넣는다.
④ 중강불에서 밥이 끓으면 밥을 약불로 줄이고 50분간 밥을 한다.

요리 이다영(한살림서울 조합원)

연근찰밥

재료 채썬연근 300g, 찹쌀 2컵, 물 2컵, 소금 1작은술

만드는 방법
1. 찹쌀은 씻어서 5~8시간 불린다. 참고로 전기밥솥을 이용하면 따로 불리거나, 찌는 작업을 생략해도 된다.
2. 연근은 밥을 떴을 때 먹기 좋은 크기로 썬 다음 쪄둔다.
3. 끓는 찜기에 면보를 깔고 물기를 뺀 ①의 찹쌀을 올려 20분간 찐다.
4. 쪄 낸 찹쌀밥을 넓은 볼에 넣고 준비한 소금물을 입힌 다음 ②의 연근을 섞는다.
5. 끓는 찜기에 ④를 다시 한 번 넣고 20분간 찐다.

☻ 요리 한살림식생활센터 토박이씨앗살림연구분과

영양솥밥

재료 쌀 1컵, 물 1.5컵, 단호박 1/4개, 밤 5알, 검정콩 조금, 대추 조금

만드는 방법
❶ 쌀을 씻어 10분 정도 불린다.
❷ 옹기가마솥에 불린 쌀을 담고 준비한 재료를 얹은 후 물을 붓는다.
❸ 불에 ②를 올리고 밥물이 끓어 오르면 불을 줄여 10분 정도 뜸을 들인다.

🍲 요리 한살림서울 식생활위원회

오곡밥

재료

찹쌀 1½컵, 차조 1컵, 검은콩 ½컵, 팥 1컵, 수수 1컵, 밥물(물+팥 삶은물) 4½컵, 소금 조금

만드는 방법

❶ 콩은 2시간 이상 불려서 건진다.
❷ 팥은 깨끗이 씻어 삶는다. 팥물이 끓어 오르면 첫물을 따라 버리고, 다시 물을 넉넉하게 붓고 팥알이 뭉그러지지 않게 삶아 건진다. 삶은 물은 받아놓는다.
❸ 찹쌀, 수수, 차조는 씻어 소쿠리에 쏟아 물기를 빼고 1시간 정도 불린다.
❹ 모든 재료를 고루 섞어 밥솥에 앉혀 놓고, 팥 삶은 물에 물과 소금을 넣어 밥물을 붓는다. 밥물은 메밥보다 20% 적게 붓는다.
❺ 밥이 끓기 시작하면 약불로 줄여 뜸을 들인다.

요리 채송미 (요리연구가, 맛단지쿠킹 대표, 한살림경기동부 이사장)

오분도미밤밥

재료 오분도미 1컵, 물 1과1/3컵, 밤 5개

만드는 방법
❶ 오분도미는 씻은 뒤 30분간 불린다.
❷ 밤은 4등분으로 자른다.
❸ 압력솥에 오분도미, 물, 밤을 넣고 뚜껑을 열어 중강불에서 끓인다.
❹ 끓기 시작하면 뚜껑을 덮고 계속 끓인다.
❺ 압력솥의 압력이 올라오면 약불로 줄여 15분간 가열한다.
❻ 불을 끄고 압력이 빠지면 뚜껑을 열고 밥을 고루 저어 마무리한다.

요리 박혜영(요리연구가, 한살림식생활센터 활동가)

옥수수밥

재료 쌀 2컵, 옥수수 1컵, 물 2컵

만드는 방법
❶ 옥수수는 껍질을 깐다. 옥수수 알을 떼어서 씻는다.
❷ 쌀은 씻어 체에 받쳐 20분간 불린다.
❸ 솥에 ①과 ②를 넣고, 밥물을 넣어 센불에서 5분, 중간불에서 10분간 짓는다.
❹ 불을 끈 후 후뜸을 5분 정도 들인다.
❺ 밥이 되면 뚜껑을 열어 쌀과 옥수수가 섞이도록 밥을 푼다.

요리 한살림식생활센터 절기식문화연구분과

완두콩채소밥

재료 쌀 2컵, 물 2컵, 완두콩 1줌, 표고버섯 2개, 당근 1/3개, 양파·감자 반개씩, 참기름 1큰술, 소금 1/2작은술

양념장 맛간장 3큰술, 고춧가루 1작은술, 송송 썬 부추 1큰술, 참기름 1큰술

만드는 방법

❶ 쌀은 씻어 불려두고, 표고버섯, 당근, 양파, 감자는 작은 네모모양으로 썬다.
❷ 냄비에 참기름을 둘러 불린 쌀을 넣고 볶다가 쌀알이 투명해지면 썰어둔 채소와 완두콩을 넣고 소금으로 간한 후 물을 붓고 밥을 한다.
❸ 밥이 끓으면 불을 줄여 익히고 뜸을 들여 잘 섞어서 그릇에 담고 양념간장을 곁들여 낸다.

요리 김정례(요리연구가, 한살림서울 조합원)

유채양송이밥

재료 현미 1컵, 녹미·적미·보리·기장 각 1컵, 양송이버섯 6개, 유채 150g, 물 3컵

양념장 간장 2큰 술, 볶은 깨 2큰 술, 들기름 2큰술, 다진 청양고추 1~2작은 술, 식초 1큰술

만드는 방법
1. 현미, 녹미·적미·보리·기장을 씻은 뒤 3~4시간 불린다.
2. 두꺼운 냄비에 ①의 쌀과 물, 양송이 버섯을 넣고 밥을 짓는다.
3. 양념장을 곁들여 낸다.

요리 문성희(자연요리연구가)

이분도통밀쌀밥

재료 이분도통밀쌀 2/3컵, 백미 3컵, 물 적량

만드는 방법
1. 통밀은 최소 17시간 전에 씻어서 물에 불려 두었다가 건지고 다시 물(3컵정도)을 붓고 15분 정도 삶아 건진다. 통밀은 백미에 비해 껍질이 있어 익는 데 시간 차이가 많이 나므로 충분히 불리고 삶아서 백미와 섞어 사용해야 한다.
2. 백미는 씻어서 채반에 건진 채로 30분 불린다.
3. ①의 통밀과 백미를 섞어서 밥솥에 넣고 압력솥일 경우(전기밥솥 포함) 1.2배의 물을 부어 밥을 짓고 일반솥으로 밥을 지을 경우에는 1.3~1.4배의 물을 부어 밥을 짓는다.

※ 밥물의 양은 각 가정의 사용하는 열원 및 불 세기, 쌀의 불린 시간과 온도·습도에 따라 편차가 있을 수 있다.

요리 이양지(마크로비오틱 가정요리전문가)

잔멸치밥

재료 쌀 2컵, 잔멸치 1/2컵, 들기름 1큰술, 다시물 2컵, 양념장

만드는 방법
❶ 냄비에 들기름을 두르고 잔멸치를 볶다가 불린 쌀을 넣고 함께 볶는다.
❷ ①에 다시마육수를 붓고 뚜껑을 닫고 센불에서 끓인다.
❸ 밥물이 잦아들면 불을 아주 약하게 줄이고 뜸을 충분하게 들인다.

🍳 요리 채송미(요리연구가, 맛단지쿠킹 대표, 한살림경기동부 이사장)

잡곡약밥

재료 찹쌀 3컵, 차조 1/2컵, 차수수 1/2컵, 기장 1/2컵, 밤 15개, 대추 10개, 채 썬 생강 5큰 술, 조청 2컵, 집간장 1/3컵, 물 3컵, 참기름 1/2컵

만드는 방법
① 압력솥에 씻어 불린 곡식과 밤, 대추, 생강을 한데 넣고 분량의 조청, 간장, 물을 부어 밥을 짓는다.
② 압력솥의 추가 돌기 시작하면 중불로 낮추었다가 10여 분 뒤 고소한 냄새가 나면 불을 끈다.
③ 참기름을 넣고 잘 저은 다음 식으면 먹기 좋은 크기로 썰어낸다.

요리 문성희(자연요리연구가)

잡곡찹쌀밥

재료 찹쌀 2컵, 호두 15g, 율무 3큰술, 쥐눈이콩 2큰술, 소금 1/3작은술, 물 2컵

만드는 방법
❶ 찹쌀은 씻어서 체에 받쳐 그대로 30분간 둔다.
❷ 율무와 쥐눈이콩은 각각 물을 넉넉하게 붓고 부드럽게 삶는다. 쥐눈이콩 20분, 율무 30분 정도 걸린다.
❸ 호두는 콩알만 하게 작게 썬다.
❹ 찹쌀을 압력솥에 앉힌 다음 물을 붓는다. 물양은 찹쌀의 표면을 평평하게 해서 물의 높이가 동일하게 되도록 맞추면 된다.
❺ ④에 삶은 율무와 쥐눈이콩, 소금을 넣어 섞어주고 뚜껑을 닫아 불에 올린다. 센 불에서 끓여 압력이 차면 약불로 줄여 12~13분간 두었다가 불을 끄고 바로 압력을 빼고 뚜껑을 연다.

요리 이양지(마크로비오틱 가정요리전문가)

죽순밥

재료 쌀 2컵, 미나리 데친 물 2컵, 죽순 100g, 소고기(잡채거리) 100g, 미나리 100g(물 3컵), 미온(맛술) 1큰술, 간장 1큰술, 들기름 1큰술

만드는 방법

❶ 쌀을 씻어 체에 건져 30분간 불린다.
❷ 죽순의 껍질을 까서 쌀뜨물에 30분간 삶아 찬물에 3~4번 이상 우린 후 죽순을 얇게 빗살무늬로 썬다.
❸ 소고기는 죽순의 길이와 굵기로 썰어 놓는다.
❹ 죽순과 소고기에 간장, 들기름, 미온(맛술)을 넣고 밑간을 하며 대강 버무린다.
❺ 미나리는 3~4cm 길이로 썰어 깨끗이 씻은 후 끓는 물에 데친 다음 찬물에 헹궈 물기를 제거한다. 미나리를 데친 물은 버리지 말고 밥물로 쓴다.
❻ 압력솥에 씻어 불린 쌀과 미나리밥물을 넣는다.
❼ 양념을 한 죽순과 소고기를 밥솥에 넓게 펴 넣는다.
❽ 센 불로 시작해 밥을 짓는다.
❾ 추가 흔들리면 1분 후 불을 끈 후 김이 저절로 빠질 때까지 기다렸다가 뚜껑을 열고 밥을 고루 섞어 푼다.

🍳 요리 고은정(음식문화운동가, 제철음식학교 대표)

찰녹미연근밥

재료 찰녹미 1컵, 쌀 2컵, 물, 연근 50g

만드는 방법

❶ 녹미 1컵, 쌀 2컵 정도의 비율로 깨끗이 씻어 녹미는 8시간, 쌀은 30분 내외로 충분히 불린다.
❷ 연근은 껍질을 벗기고 적당한 크기로 썬다.
❸ ①의 불린 쌀에 녹미, 연근을 섞어 물을 붓고 밥을 한다.

※ 연근 외에 당근, 은행, 견과류 등을 함께 넣어 밥을 지으면 씹히는 식감으로 밥맛을 더할뿐 아니라 영양도 높아진다.

요리 채송미(요리연구가, 맛단지쿠킹 대표, 한살림경기동부 이사장)

채소밥

재료 쌀 3컵, 카레(채식카레) 2큰술, 감자 1개, 애호박 1/4개, 파프리카 1/4개, 표고버섯 2개, 새송이버섯 1개, 물 3컵

만드는 방법
① 채소는 사방 0.5㎝로 썬다.
② 냄비에 불린 쌀과 물, 카레가루를 넣고 섞어 센 불에서 끓인다.
③ ②가 끓으면 약한 불로 줄이고, ①의 썰어 둔 채소를 넣은 뒤 15분간 끓인다.

요리 채송미(요리연구가, 맛단지쿠킹 대표, 한살림경기동부 이사장)

치자밥

재료 쌀 2컵, 치자 우린 물 2컵, 부추 한 줌, 치자 우린 물(치자 10g, 물 3컵)

만드는 방법
① 찬물 3컵에 치자 10g을 넣고 30분간 우린다.
② 쌀을 두 손으로 비비며 살살 씻는다.
③ 씻은 쌀을 체에 밭쳐 30분간 불린다.
④ 압력밥솥에 불린 쌀과 치자 우린 물 2컵을 같이 넣고 밥을 한다.
⑤ 부추를 깨끗이 씻어 끓는 물에 3초간 데친 뒤 물기를 제거하여 송송 썬다.
⑥ 밥솥 추가 흔들리면 1분 뒤 불을 끄고 김이 빠지기를 기다린다.
⑦ 김이 빠지면 솥뚜껑을 열고 데쳐서 썰어 놓은 부추와 함께 섞어 밥을 푼다.

요리 고은정(음식문화운동가, 제철음식학교 대표)

콩나물해장밥

재료 쌀 2컵, 북어포 20g, 들기름 1큰술, 소금 1작은술, 미온(맛술) 1큰술, 콩나물 300g, 물 3~4컵
양념장 간장 1큰술, 물(맛국물) 1큰술, 쪽파 3뿌리, 다진 마늘 1작은술, 참기름 1큰술, 깨소금 1큰술

만드는 방법
❶ 쌀을 씻어 건져 30분간 불린다.
❷ 콩나물을 다듬어 깨끗하게 씻는다.
❸ 냄비에 물 3컵을 붓고 센 불로 끓이다가 물이 끓기 시작하면 콩나물을 넣고 뚜껑을 열어 놓은 채 6~7분간 삶는다.
❹ 삶은 콩나물을 건져 찬물에 5분 정도 담갔다가 건져 물기를 뺀다.
❺ 북어포를 흐르는 물에서 빠르게 씻어 물기를 꼭 짠 뒤 잘게 찢는다.
❻ 압력밥솥에 북어포와 들기름을 넣고 달달 볶는다.
❼ 북어포를 볶은 솥에 불린 쌀과 콩나물 삶은 물 2컵을 넣고 미온(맛술)을 넣은 다음 흰쌀밥을 짓듯이 밥을 한다.
❽ 밥이 되는 사이 양념장을 만든다.
❾ 밥이 다 되면 물기를 빼 놓은 콩나물을 넣고 고루 잘 섞어 퍼서 양념장과 함께 낸다.

😊 요리 고은정(음식문화운동가, 제철음식학교 대표)

토마토버섯카레밥

재료

쌀 1컵, 물 2컵(쌀 계량컵 기준), 새송이버섯 1개, 표고버섯 1개, 다진마늘 1작은술, 양파 75g, 파프리카 75g, 브로콜리 50g, 토마토 1개, 채식카레 1큰술, 다시마 1조각, 소금 1/4작은술, 간장 1/2큰술, 농축토마토 1/2컵, 후추, 올리브오일, 레몬즙

만드는 방법

❶ 쌀은 씻어서 30분 정도 물에 불린 후, 체에 밭쳐 놓는다.
❷ 새송이버섯은 관자처럼 가로로 동그랗게 썰고, 양면에 체크무늬 칼집을 낸다.
❸ 양파, 파프리카, 표고버섯, 브로콜리, 토마토는 먹기 좋게 썬다.
❹ 기름을 두른 팬에 다진 마늘과 양파를 볶고, 양파가 투명해지면 표고버섯을 넣어 볶는다.
❺ 버섯이 익을 때쯤 불려둔 쌀을 넣고 중~강불에서 볶아준다.
❻ 물 1과 1/2컵, 다시마를 넣고 소금, 간장으로 간을 한다.
❼ 물이 끓으면 내용물을 평평하게 잘 눌러 펴준다. 가장 약불로 줄여 뚜껑을 넣어준 후, 20분 정도 익혀주되, 중간에 바닥부터 한 번 섞어주면 바닥이 타는 것을 방지할 수 있다. 단, 너무 자주 섞으면 누룽지가 생기지 않아 맛이 덜하니 주의한다. 물이 부족해보이면 남은 물 1/2컵을 위에 조금씩 붓는다.
❽ 밥이 익는 동안 다른 팬에서 새송이버섯을 노릇하게 굽는다.
❾ 적당히 물이 졸고 쌀이 익으면, 새송이버섯을 올리고 뚜껑을 닫은 채 5~10분 정도 뜸을 들인다.

※ 후추, 올리브오일, 레몬즙을 뿌려 먹으면 맛이 더 좋아진다.

🍳 요리 작은콩(요리연구가, 한살림생협 조합원)

톳밥

재료

쌀 2컵, 염장톳 100g, 물 2컵
양념장 다진새송이버섯 2큰술, 진간장 3큰술, 다진마늘 1작은술, 깨소금 1작은술, 참기름 1작은술, 고춧가루 1작은술, 후춧가루 약간

만드는 방법

1. 쌀은 씻어 30분 정도 불린다.
2. 염장톳은 물에 여러 번 씻어 소금기를 뺀 후 적당한 길이로 잘라 준비한다.
3. 솥에 불린 쌀과 분량의 물을 넣고 끓인다.
4. 한소끔 끓고 나면 손질한 톳을 밥 위에 골고루 얹어 끓인다.
5. 뜸을 잘 들인 후 밥과 톳나물을 골고루 잘 섞어서 푼다.
6. 양념장과 함께 비벼서 먹는다.

요리 채송미
(요리연구가,
맛단지쿠킹 대표,
한살림경기동부 이사장)

통밀밥

재료 쌀 1.5컵, 통밀 1/2컵, 물 2.5컵

만드는 방법
1. 쌀을 씻어 30분간 불린다. 첫물을 빠르게 버려야 밥에서 잡내가 나지 않는다.
2. 통밀을 쌀과 같은 방법으로 씻어 불린다.
3. 냄비에 물과 불린 통밀을 넣고 끓이다가 통밀이 끓기 시작하면 불린 쌀을 넣고 더 끓인다.
4. 밥이 다시 끓기 시작하면 불을 줄이고 15분간 뜸을 들인다.
5. 불을 끄고 5분간 후뜸을 들인다.

※ 통밀밥은 통밀이 단단하여 쌀보다 먼저 끓이다가 밥을 하거나 미리 한 번 끓인 후 쌀과 함께 섞어 밥을 한다. 아니면 압력솥을 이용해 한꺼번에 넣고 밥을 한다.

🍲 요리 고은정(음식문화운동가, 제철음식학교 대표)

팥찰밥

재료
쌀 2컵, 찹쌀 2컵, 팥 1컵, 밥물 4컵

만드는 방법
❶ 팥을 깨끗하게 씻어 한 번 끓인 물을 버린다.
❷ ①번의 팥에 물 7컵을 넣고 20분간 삶는다.
❸ 삶은 팥은 건지고 물은 밥물로 쓴다.
❹ 씻은 쌀과 찹쌀, 삶은 팥을 압력솥에 넣는다.
❺ 팥 삶은 물을 밥물로 넣고 밥을 한다.

🍳 요리 고은정(음식문화운동가, 제철음식학교 대표)

포도즙약밥

재료 찹쌀백미 3컵, 깐밤 10개, 건대추 10개, 잣 1큰술

시럽 포도즙 2컵, 설탕 3큰술, 계피가루 1작은술, 진간장 2큰술, 참기름 2큰술

만드는 방법
① 찹쌀은 씻어서 5시간 정도 불린 뒤 건져서 물기를 쪽 뺀다.
② 깐밤은 4등분하고, 건대추는 돌려 깎아 씨를 빼고 3등분 한다.
③ 시럽 재료를 섞는다.
④ 전기밥솥에 찹쌀, 깐밤, 건대추, 잣, ③의 시럽을 넣고 섞는다.
⑤ 전기밥솥 뚜껑을 덮고 일반 취사 버튼을 눌러 밥을 한다.
⑥ 완성된 약밥을 모양틀에 찍어 원하는 모양을 만든다.

※ 기호에 따라 설탕량을 조절한다.

● 요리 한살림식생활센터

해산물프라이팬밥

재료 쌀 1컵, 마늘 1작은술, 자연산 참바지락 15개, 무항생제 왕새우 5마리, 양파 1/2개, 양송이버섯 2개, 농축토마토 250g, 맛간장 1큰술, 현미유, 미온 1큰술, 무순 약간, 물 1/2컵

만드는 방법
1. 쌀은 씻은 뒤 30분간 불린 뒤 물기를 뺀다.
2. 해감한 바지락은 소금물에 헹군다.
3. 새우는 내장을 제거하고 소금물에 헹군다.
4. 양파는 잘게 다지고 양송이버섯은 6등분한다.
5. 달군 팬에 현미유를 두르고 마늘과 양파를 넣고 소금, 후추 넣고 볶는다.
6. ⑤에 ②와 미온을 넣고 볶다가 뚜껑을 덮어 조개가 입을 벌릴 때까지 익힌다.
7. ⑥에 농축토마토와 맛간장 1큰술을 넣고 볶는다.
8. ⑦에 쌀을 넣고 2~3분정도 볶는다.
9. ⑧에 물한컵, 새우, 양송이를 넣고 뚜껑을 덮고 중약불에서 10~15분정도 익힌다.
10. 밥이 다되면 무순 또는 허브류를 장식하여 함께 먹는다.

요리 박혜영(요리연구가, 한살림식생활센터 활동가)

햅쌀솥밥

재료	햅쌀 2컵, 물 2컵
만드는 방법	❶ 쌀은 씻은 뒤 30분간 불린 뒤 물기를 뺀다. ❷ 쌀그릇에 물을 부어 30분 정도 불린 후 체에 받쳐 물기를 뺀다. ❸ 솥에 쌀과 물을 붓고, 솥의 뚜껑을 덮어 센 불에서 끓인다. ❹ 밥이 끓어오르면 불을 약하게 줄이고, 끓어 넘치지 않게 한 번 저어준다. ❺ 솥에 밥알 붙는 소리가 나면 센 불에서 20~30초간 가열한다. ❻ 불을 끈 다음 10분 정도 뜸을 들인다. ※ 요리에 사용할 쌀뜨물은 3번째 물을 사용한다. 🍲 요리 채송미(요리연구가, 맛단지쿠킹 대표, 한살림경기동부 이사장)

현미밥

재료 현미 2컵, 물 3컵

만드는 방법
❶ 현미를 씻는다.
　1) 쌀에 물을 붓고 대충 씻는다는 기분으로 휘휘 저어 재빨리 물을 버린다
　2) 철망으로 된 작은 체에 쌀을 넣고 손바닥으로 문지르며 현미 표면에
　　 상처를 입힌다는 기분으로 박박 씻는다
　3) 두세 번 더 휘휘 저으면서 씻어 물에 담가 5~6시간 이상 불린다
❷ 불린 쌀과 함께 압력솥에 물을 넣고 중간불로 밥을 하기 시작한다.
❸ 압력솥에 불리지않은 현미밥을 할 경우 현미쌀과 물의 비율을 1:1,2나
　 1:1.5로 맞춘다.
❹ 저절로 김이 다 빠지면 뚜껑의 가장자리로 모여 있던 물이 밥에 떨어지지
　 않게 한쪽으로 기울이며 뚜껑을 연다.
❺ 밥솥 가장자리로 주걱을 돌리면서 재빨리 밥을 들어 살살 펴면서
　 위아래로 고루 섞어 밥을 푼다.

※ 현미밥 맛있게 짓기
　1. 현미는 박박 문질러 씻지 않고, 가볍게 손으로 저어가며 씻는다.
　2. 현미를 잘 씻은 뒤 5~6시간 불린다. 현미는 물을 잘 흡수하지 못하기
　　 때문에 흰쌀보다 더 오래 불려야 한다. 3~4일 먹을 양을 미리 씻어
　　 냉장고에 넣어둔 뒤 사용해도 좋다.
　3. 불리지 않은 현미쌀로 압력솥을 이용하여 밥을 할 경우 현미쌀과 물을
　　 1대 1.2~1.5배 비율로 맞춘다.
　4. 현미만 먹기 힘들다면, 오분도미로 시작하거나 찹쌀현미와 섞어서
　　 이용한다.

😊 요리 고은정(음식문화운동가, 제철음식학교 대표)

현미채소모둠밥

재료 현미 3컵, 검은콩 1/2컵, 호박 1/2개, 고구마 1/2개, 새송이버섯 1개, 당근 1/2개, 물 4컵

양념장 맛간장 3큰술, 다진파 1큰술, 다진마늘 1작은, 참기름 1작은술, 깨소금 1큰술

만드는 방법
❶ 호박, 고구마, 버섯, 당근 등 갖은 제철채소를 껍질째 먹기 좋은 크기로 썬다.
❷ 현미와 검은콩, ①의 채소를 함께 넣고 밥을 짓는다.
❸ 간장, 파, 마늘, 참기름, 깨소금을 넣어 양념장을 만든다.
❹ 완성된 밥에 양념장을 넣어 비벼 먹는다. 계절에 맞는 제철채소나 나물들을 넣어도 좋다.

◉ 요리 한살림서울 식생활위원회

한살림 추천 밥요리

호두밥

재료	쌀 2컵, 호두 1/3컵, 간장 1큰술, 물 2컵
만드는 방법	❶ 껍질 호두를 까서 굵게 부순다. 쌀이 2컵이면 호두 부순 게 1/3컵 정도. ❷ 호두, 쌀, 물, 간장을 넣고 밥을 짓는다. ❸ 간장을 한 숟갈 넣어 밑간을 하고 밥을 한다.

🍲 요리 장영란(요리연구가)

흑미밥

재료 쌀 3컵, 흑미쌀 1/2컵, 물 3과1/2컵

만드는 방법
1. 쌀과 흑미쌀은 각각 씻어 30분 정도 물에 불린다.
2. 망이나 체에 쌀을 건져 물을 뺀다.
3. 무쇠솥에 쌀, 흑미쌀을 섞어서 붓고 물은 불린 쌀과 동량으로 붓는다.
4. 처음에는 센불에서 끓이다 부글부글 끓어오르면 불을 약불로 줄여 7~8분간 익힌다.
5. 불을 끄고 뚜껑을 덮은 채 10분간 뜸을 들인다.

요리 채송미(요리연구가, 맛단지쿠킹 대표, 한살림경기동부 이사장)

부록

밥 짓기에 좋은 한살림 물품

밥 짓기에 좋은 한살림 물품

쌀

백미

쌀눈과 쌀겨를 깎아내 부드러운 배유가 남아있는 유기농 백미로, 온전한 쌀알의 비율이 높아 맛있습니다.

현미

벼의 가장 바깥 껍질인 왕겨만 제거해 쌀눈과 쌀겨가 그대로 남아 영양이 풍부한 유기농 현미입니다.

오분도미

쌀겨와 쌀눈이 50% 살아 있도록 도정해 현미보다 식감이 부드럽고, 백미보다 영양이 뛰어납니다.

칠분도미

쌀겨와 쌀눈이 30% 살아 있도록 도정해 백미보다 영양소가 많이 들어 있고 오분도미보다 식감이 부드럽습니다.

찹쌀백미

쌀겨와 쌀눈을 제거해 은은한 단맛에 찰지고 쫀득한 식감이며 소화가 잘됩니다.

찹쌀현미

찹쌀의 왕겨만 제거한 현미로 구수하고 쫄깃한 식감이며 소화가 잘됩니다.

찰흑미

씨눈이 살아있어 멥쌀과 섞어 밥을 하거나 떡을 하면 차진 맛과 씹는 맛이 더해지고 향과 색이 살아납니다.

찰적미

현미처럼 껍질만 벗겨 도정해 밥을 지으면 붉은색이 더욱 선명해지고 구수한 감칠맛이 돕니다.

발아삼색미

유기재배해 왕겨를 벗긴 현미, 녹미, 적미를 발아시켜 영양이 풍부하고 식감이 부드럽고 소화가 잘 됩니다.

발아현미

유기재배해 왕겨를 벗긴 현미를 발아시켜 부드럽고 소화가 잘 되며, 영양이 훨씬 풍부해졌습니다.

발아찹쌀현미

유기재배해 왕겨를 벗긴 찹쌀현미를 발아시켜 부드럽고 소화가 잘 되며, 영양이 훨씬 풍부해졌습니다.

발아찰녹미

유기재배해 왕겨를 벗긴 찰녹미를 발아시켜 부드럽고 소화가 잘 되며, 영양이 훨씬 풍부해졌습니다.

발아찰적미

유기재배해 왕겨를 벗긴 찰적미를 발아시켜 부드럽고 소화가 잘 되며, 영양이 훨씬 풍부해졌습니다.

발아찰흑미

유기재배해 왕겨를 벗긴 찰흑미를 발아시켜 부드럽고 소화가 잘 되고, 영양이 훨씬 풍부해졌습니다.

잡곡

늘보리
꽁보리밥으로 사용되는 겉보리로 겉껍질이 살아있어 각종 영양소, 식이섬유와 구수함이 가득합니다.

찰보리
쫀득한 찰기가 있어 미리 삶거나 불리지 않고 밥을 지어도 되며, 밥을 지은 후 식어도 잘 굳지 않습니다.

혼합5곡
국내산 잡곡 5종류(보리, 수수, 차조, 서리태, 붉은팥)를 먹기 좋은 비율로 섞었습니다.

혼합8곡
국내산 잡곡 8종류(기장, 보리, 수수, 메주콩, 붉은팥, 서리콩, 율무, 차조)를 먹기 좋은 비율로 섞었습니다.

혼합15곡
미곡류와 두류, 화본과류, 맥류을 고르게 혼합하여 다양한 잡곡을 골고루 섭취할 수 있습니다.

쥐눈이콩
약재로 쓰이는 약콩으로 씹을수록 단맛이 나고, 크기가 작아 콩밥을 싫어하는 아이들도 잘 먹습니다.

서리콩
겉은 검정, 속은 푸른빛이 나는 서리콩은 밥에 넣거나 콩조림 등으로 이용하기 좋습니다.

검정콩
현미나 흑미와 함께 밥을 하면 밥에 윤기가 흘러 밥에 넣어 드시거나 콩조림 등으로 이용하시면 좋습니다.

팥
고소한 맛이 일품이며, 겉껍질에 영양분이 풍부하며 소금을 약간 넣어 먹는 것이 좋습니다.

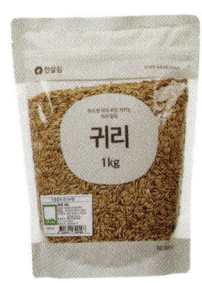

귀리

식이섬유가 풍부한 귀리는 쌀과 함께 밥을 하면 쫄깃하게 씹히는 식감이 좋습니다.

메밀쌀

필수 아미노산과 라이신, 칼륨, 엽산이 풍부하며, 씹을수록 은은한 메밀 향과 구수한 맛이 좋습니다.

기장

모래알 정도의 크기로 노란빛이 나 밥에 쫀득함 식감과 노란빛 생기를 더해 줍니다.

율무

단백질과 섬유질이 풍부한 율무와 백미를 3:7 비율로 밥을 지으면 영양이 풍부하고 식감도 좋은 율무밥이 됩니다.

차조

메조보다 차지고 찬 기운이 덜한 청차조로, 기장보다 크기가 작아 모래가 섞여 있을 수 있으니 꼭 일어서 드세요.

수수

찰수수로 따뜻한 성질을 가지고 있는데 크기가 작아 간혹 모래가 섞여 있을 수 있으니, 꼭 일어서 드세요.

밥요리 요리사

경봉스님 - 사찰음식연구가, 자연요리연구소 소장
고은정 - 음식문화운동가, 제철음식학교 대표
김동연 - 한살림 산애들공동체 생산자
김윤희 - 한살림서울 조합원
김정례 - 요리연구가, 한살림서울 조합원
류귀애 - 요리연구가, 한살림식생활센터 연구위원
문성희 - 자연요리연구가
박혜영 - 요리연구가, 한살림식생활센터 활동가
신인자 - 한살림서울 조합원
이다영 - 한살림서울 조합원
이양지 - 마크로비오틱 가정요리전문가
이윤서 - 요리연구가
임경호 - 요리연구가, 파주 키친컬쳐앤 푸드랩 대표
작은콩 - 요리연구가, 한살림생협 조합원
장영란 - 요리연구가
채송미 - 요리연구가, 맛단지쿠킹 대표, 한살림경기동부 이사장
한살림서울 식생활위원회
한살림식생활센터